そのお悩み、親鸞さんが解決してくれます

英月流「和《わ》讃《さん》」のススメ

英月

春秋社

はじめに

十年近く暮らしたアメリカは西海岸、サンフランシスコ。食べていくため、生きていくために、さまざまな職に就きましたが、一番長く勤めたのは日系のラジオ局でした。ニュースを読んだり、トークイベントの司会を務めたり、歌番組も担当していました。しまいには社長職を引き継いで欲しいとのお話もいただいた私ですが、今は京都で僧侶です。人生、何が起きるかわかりません。

さて、リスナーの皆さんからのリクエストにお応えして曲をかける、「ジャパンタウンからラジオで今晩は」という歌番組を担当していた時のことです。リクエストをいただくのは嬉しいのですが、圧倒的に多いのが演歌。正直に言います。私は演歌がキライでした。古臭く暗いイメージに、「流行りの曲のリクエストが来ないかな」と思ったものです。けれども、ラジオを聴いてくださっている方たちの多くは、ご年配の日系の方たち。どうしても、昔懐かしの演歌になってしまいます。ならば、と、ラジオ局にあったCDをお借りして、自宅で聴くことにしました。キライだから知らなくていい、としてしまうより、まずは知ろうと思ったからです。なんて、恰好のいいことを言いましたが、本音は、曲と曲の間のトークに役立つだろうと思ったからです。

理由は何であれ、自宅に持ち帰った大量のCD。ラジオは週に一度の放送だったので、翌週までの間に、聴いて、聴いて、聴きまくりました。びっくりしました。なんと、私は**サンフランシスコのアパートメントの一室で、吉幾三さんの「津軽平野」を聴いて泣いてしまった**のです。京都生まれの京都育ちで、津軽には親戚もいません。ストーブ列車はニュース映像で見たことがあるだけです。私の父は出稼ぎに行ったこともなく、ましてや、じょんがら節が唄えるとは思えません。お岩木山は見たことがなく、生まれてこのかた、知っているのは東山三十六峰です。ですが！　そんなことなど、関係ないのです。この歌に凝縮されている、日本人の心情、日本の風土、季節。それらが私の心に触れ、沁みたのです。

演歌、いいです。メロディーもいいですが、詩がいいのです。そこには日本の美しい景色があり、自然があります。人情もあります。恋愛もあります。日本人の心があります。演歌に限らず詩というものは、自然や人との関わり、そういった何か大きな力に触れた時に生まれ出るもの。洋の東西を問わず、古くからある詩というものを考えると、つくづくそう思います。そして、感動や喜び、時に悲しさを歌うのが詩ならば、当然、仏さまの教えに出遇ったところにも、詩は生まれます。

教えに出遇うことができた感動。それと同時に、教えによって、自分自身の真の姿を知らされる悲しみ。そして、そんな私をもすくうと願ってくださった、仏さまに出遇えた喜び。

日本でも古くから、仏さまを讃える詩が詠われてきました。漢文のもの、大和言葉である和語《わご》のもの。有名なところでは、『涅槃経《ねはんぎょう》』というお経さんに説かれる「諸行無常《しょぎょうむじょう》　是生滅法《ぜしょうめっぽう》　生滅滅已《しょうめつめつい》　寂滅為楽《じゃくめついらく》」を、和語に改めて作ったとされる「いろは歌」があります。「諸行無常」が、「いろはにほへとちりぬるを」。「是生滅法」が、「わかよたれそつねならむ」。「生滅滅已」が、「うゐのおくやまけふこえて」。「寂滅為楽」が、「あさきゆめみしゑひもせす」です。

このように、平安時代以降には和語で仏さまを讃える詩が多く作られ、それらは「**和讃**《わさん》」と呼ばれました。時は進み、鎌倉時代に入ると、法然さんは三十一文字の和歌で教えを詠われました。「月かげの　いたらぬ里は　なけれども　ながむる人の　心にぞすむ」。聞かれたことのある方も、多いのではないでしょうか。

「月の光は、どこにいようとも、誰であっても照らします。けれども月の美しさは、それを眺める人の心にだけ届きます」。つまり、阿弥陀さまの生きとし生けるもの、その全てをすくいたいとの願いは、全ての人々に向けられています。けれども、それに目を向け、耳を貸し、「この私をすくいたいと願ってくださっていた。ありがとうございます」と、手を合わせ、「南無阿弥陀仏」とお念仏を称えることがなければ、ないのと同じ。そんな内容です。それを三十一文字に、ギュッと凝縮したのが、法然さんの和歌です。

そして、法然さんの弟子であった親鸞さんも、多くの詩を作られました。漢詩は三つ。ひとつめは、六巻からなる『顕浄土真実教行証文類《けんじょうどしんじつきょうぎょうしょうもんるい》』（以下、『教行信証《きょうぎょうしんしょう》』）の中の、行巻の最後に『正信念仏偈《しょうしんねんぶつげ》』（以下、『正信偈《しょうしんげ》』）があります。これは親鸞さんが五十二歳の時には既に書き始めておられ、八十歳半ばまで筆を入れ続けられたものです。ふたつめは、八十歳で撰述された『浄土文類聚鈔《じょうどもんるいじゅしょう》』に『念仏正信偈《ねんぶつしょうしんげ》』が。そして八十四歳で『入出二門偈頌文《にゅうしゅつにもんげじゅもん》』を著しておられます。「偈《げ》」とは「頌《じゅ》」ともいわれ、詩のことです。

ちなみに「偈」は、お経さんのなかにも登場します。『仏説無量寿経《ぶっせつむりょうじゅきょう》』というお経さんのなかには、「嘆仏偈《たんぶつげ》」・「重誓偈《じゅうせいげ》」・「東方偈《とうほうげ》」（「往覲偈《おうごんげ》」）の三つが、詩として詠われます。

さて、親鸞さんは漢詩の他に、数多くの御和讃も作られました。その数、なんと五百十余首。それらは、**三帖和讃《さんじょうわさん》**といわれる『**浄土和讃《じょうどわさん》**』『**高僧和讃《こうそうわさん》**』『**正像末和讃《しょうぞうまつわさん》**』や、『皇太子聖徳奉讃《こうたいししょうとくほうさん》』『大日本国粟散王聖徳太子奉讃《だいにほんこくぞくさんおうしょうとくたいしほうさん》』などにまとめられています。

内容については本文でお話をさせていただきますが、機会があれば是非、親鸞さんが直筆で書かれた御和讃を見ていただきたいと思います。この本の最後に参考文献としてあげている、『親鸞聖人真蹟集成　第三巻』（法蔵館）で、親鸞さんの直筆に触れることができます。もちろん、コピーですが。それでも、きっと驚かれると思います。

初めて見たとき、私は、「**神経質な人やわぁ**」と思いました。失礼な話です。親鸞さんのお心遣いに、まったく心が及ばず、勝手に神経質な人にしてしまっていたのです。

そんな私を自己弁護するつもりはありませんが、御和讃には小さな文字で、たくさんの書き込みがあります。まず、左訓《さくん》と呼ばれる、漢字の左側に書かれた注釈。漢字の右側には、音読をしめす振り仮名がつけられています。それだけではありません。表音《ひょうおん》といわれる漢字の発音を表す印、そして清濁《せいだく》、緩急《かんきゅう》、抑揚《よくよう》をしめす記号が朱筆《しゅひつ》で加えられています。これらのことから、親鸞さんは、御和讃に託した内容をきちんと伝えたいとの思いだけでなく、声に出して読むことを前提として書かれていたことがわかります。

その思いを受け継いで、私たち真宗門徒は今もこの御和讃を声に出して読んでいます。残念ながら、親鸞さんが書き残してくださったままの音とはいえませんが。では、いつ読んでいるのかといえば、それはお勤めのときです。お経さんや、先ほど紹介した親鸞聖人が書かれた漢詩『正信偈』と一緒にお勤めをします。

ではなぜ、私たちはお勤めをするのでしょうか？　仏さまの前に神妙な面持ちで座って、お経さんや御和讃をお勤めすることで、何かの功徳、イイコトがあるからでしょうか？　それとも、礼儀として、また規則だから、儀式として行うのでしょうか？　いろいろな側面があると思います。けれども私はあえていいます。**お勤めは、「津軽平野」だ！** と。

キライだった演歌。なのに、好きだとか嫌いだとかを、頭で理解したり、考えたり、判断する前に、私の心にグッと飛び込み、沁みた歌詞。津軽には行ったことがなく、親戚はおろか知り合いもおらず、リンゴ以外に何の縁もない私にも、心に届く。届いたのは、詩を書かれた方の心情。

お勤めも、そうだと思うのです。お経さんなら、お経さんを説いてくださったお釈迦さまのお意《こころ》。『正信偈』や御和讃なら、それを著してくださった親鸞さんのお意《こころ》。そのお意《こころ》を、いただく。いただいて初めて、嬉しいなぁ、とか、ありがたいなぁ、という感情が自分のなかにうまれる。「津軽平野」を聴いて、まさかの涙があふれたように、自分でも思いもよらない感情が顔を出すのです。

とはいっても、**お勤めでしょ？** 仏さまの前に座って、ぶつぶつ言うアレでしょ？ いくら御和讃が詩だといっても、**古いし、暗い**。そう思われる方も、おられると思います。が、しかし。**早まるな！** と、私はいいたい。

御和讃、これは今様《いまよう》と呼ばれるものでした。今様とは、平安時代中期から鎌倉時代にかけて流行した歌謡のこと。つまり、流行歌です。ラジオのパーソナリティをしていたとき、「古臭い演歌ばかりじゃなく、流行の歌がリクエストされないかな」と、私が渇望していた、あの流行歌です。ということは、**親鸞さんは日本歌謡史にのこる作詞家であり、ヒットメーカーでもあるわけです！**

実はこれ、流行歌ということが大事なんです。皆さんもありませんか？　ふとしたときに、流行りの歌を口ずさんでいたこと。自分の歌声でふと我にかえり、歌っていたことに気付く。歌詞を見て、キチッと歌を覚えたわけでもないのに、聞き覚えで歌えている。御和讃もそうだったのです。文字を読むことができない人も、他の人が歌っているのを聴いて、いつの間にか自分も口ずさんでいる。田畑で働き、山で木を伐り、海や川で漁をする。そんな日常のなかで、人々に歌い継がれた詩。それが、御和讃です。

親鸞さんが『浄土和讃』と『正像末和讃』を作られたのが宝治二年、西暦でいうと一二四八年。今年でちょうど七百七十年になります。「歌は世につれ」ではないですが、世間の成り行きに影響されるといわれる歌が、七百七十年もの長きにわたって、歌い継がれてきたのは、ただただ驚きです。しかしそれは、私たちの悲しみ、苦しみ、迷いが、普遍だということでもあります。着るもの、食べるもの、そして価値観までもが時代と共に変化しても、**悩みの根っこは変わらない**のです。そして、**その悩みに応える教えもまた、変わらない**のです。

この本を通して、人々に七百七十年もの間、寄り添い、はたらき続けた御和讃という歌があり、そこに詠われた教えがあることに出遇っていただけたら嬉しいです。ひとつひとつの御和讃には、元となったお経さんなどそれぞれ背景がありますが、この本では、まずは親しみをもっていただきたいとの思いで、あえて詳しくは触れていません。興味を持たれた方は、是非、巻末にある参考文献で紹介させていただいた本に手を伸ばしていただけたら嬉しいです。でも、本当のことを言っちゃえば、説明なんて野暮なことかもしれません。流行歌に解説が不要なように、御和讃もみなさん、おひとりおひとりで、味わっていただくものです。

時を超え、今、あなたに届いた歌。作詞作曲、親鸞さん。本日は三帖和讃から選りすぐりの御和讃を、あなたのお悩みにあわせてお届けします。**それでは、お楽しみください！**

そのお悩み、親鸞さんが解決してくれます——英月流「和讃《わさん》」のススメ　目次

そのお悩み、親鸞さんが解決してくれます

——英月流「和讃《わさん》」のススメ

第一章

恋愛編

1. 恋愛ができない

@『高僧和讃』天親さん

「激しい恋がしたい」。

一年ほど前に東京でトークイベントを行った時、質問コーナーでいただいた言葉です。「私もしたいわ……」と、心の中でツッコミを入れながらも、僧侶として、その場にいる意味を自分に問い直します。これが気の置けない女友達との会話なら、「恋でも何でも、勝手におきばりやす」の一言で済みますが、トークイベントに来られた方からの質問となると、そうはいきません。

会場に集まってくださった方たちも、心なしか座席から前のめり。老いも若きも、男も女も、「激しい恋」の行方が気になるようです。

ところで、激しい恋とまではいかなくても、「恋愛ができない」との質問をいただくことがあります。独身、彼氏ナシの私に任せていい質問なのか？　と、ちょっぴり戸惑いますが、私個人の経験ではなく、仏教の教えに照らした答えを求められてのこと。の、ハズ。

では、そもそも仏教では、恋愛はどう捉えられているのでしょうか？

『円覚経』に「輪廻は愛を根本と為す」という言葉があります。輪廻とは迷いのあり方です。その迷いのあり方から、覚りによって解放されたのが、お釈迦さまです。そして、このお経さんの言葉によると、解放されなきゃいけないものの根本にあるのが、他でもない愛だというのです。

え？　愛って、諸悪の根源？


事実、愛は苦だと説くだけでなく、覚りへの障害物とまで仰るお釈迦さまは、出家前に生まれた息子に、ラーフラ（羅睺羅）と名付けます。一説にはラーフラという言葉には、障害の意味があるそうです。自分の息子は出家の障害となる存在。しかし裏を返せば、それだけ息子を愛している、ということかもしれません。愛しているから、別れたくない。別れるのは辛く苦しい。まさに、愛は苦しみです。

愛の苦しみは、それだけではありません。愛する存在があるというのは、愛さない存在があるということです。童話のシンデレラで、継母が自分の子供だけを溺愛し、シンデレラをいじめたように、区別してしまう心が生まれます。つまり、愛は排除する心をも、生み出してしまうのです。

そして、愛は永遠ではありません。愛が憎しみに変わることもあるのです。可愛さあまって憎さ百倍。目の中に入れても痛くないと思った存在が、目の前を横切っただけでも腹が立つ。なんなら一生、会いたくない、見たくない。そんな思いが出てくることもあるのです。一度は愛した人を憎む。悲しく、痛ましいことです。

なのに人は、「恋愛ができない」と悩む。それはまるで、自ら苦しみたいと言っているようなものです。お釈迦さまにとっては、苦しみだけでなく、障害でさえあった愛。迷いの根本だと言われているのに、その迷いに飛びこもうとする。勇気の方向性、間違っていませんか？　と、他人事ながら心配してしまいます。

それでも、人は恋をします。激しいかどうかは別にして、恋愛をします。そして、時に「恋愛ができない」と悩みます。しかし、この恋愛。できる、できない、ではないのです。泳ぐことができる。英語ができる。そんな能力の話ではないのです。ましてや、頑張れば、努力をすればできるものでもないのです。当然ながら、お金を払ってするものでもないのです。

誰かを素敵だと思う。大切に思う。尊敬する。それらの気持ちが、いつしか恋愛感情に変わる。それは、自分におこる感情ですが、自分がおこす感情ではないのです。自分がおかれている環境や状況、相手の存在によって、気付いたら自分の中でおこされていた。つまり、感情をおこす主体、主語は、自分ではないのです。

そして、実は信心も同じです。

信心すなわち一心なり
一心すなわち金剛心
金剛心は菩提心
この心すなわち他力なり

意訳

信心を言い換えると、それは一心です
一心の信心は、ダイヤモンドのように堅いもの
その堅さは、他の誤った信心を打ち砕くと同時に、自らは破られることがありません
その堅い信心は、私がおこすのではなく、阿弥陀さまからいただく、他力の信心です

これは親鸞さんが七高僧《しちこうそう》の一人、天親《てんじん》さんのことを讃えられた御和讃です。
天親さんは、「信心は自分でおこすのではなく、阿弥陀さまからいただくもの。いただいた信心はまるでダイヤモンド（金剛石）のように堅く確かな、一心といわれる真実の信心だ」として、その大切さを教え、広く世の中に行き渡らせてくださいました。そのお仕事を讃えられたのが、

この御和讃です。話がちょっぴり専門的になりますが、天親さんのお仕事を端的に表す言葉に「宣布一心《せんぷいっしん》」があります。

ちなみに、「宣布一心は北天の功」ともいいます。北天は北天竺《きたてんじく》、インドの北、プルシャプラ（現在のパキスタン・ペシャワール）のことで、これは、お釈迦さまの滅後九百年頃に、彼の地に生まれたとされる天親さんを指しています。お釈迦さまが説かれた多くのお経さんの中のひとつ、『仏説《ぶっせつ》無量寿経《むりょうじゅきょう》』の注釈書『無量寿経優婆提舎願生偈《むりょうじゅきょううばだいしゃがんしょうげ》』（『浄土論』）を著し、一心の信心をあきらかにし、宣布してくれました。

ところでこの信心、世間一般でいわれるのと逆ですね。世間でよくいわれるのは、「あの人は信心深い人だ」、「あの人は信心がない」といった、信心は自分がおこすものという考え方です。けれども天親さんのいう信心は、いただく信心。まったくの逆です。しかも、いただく信心だから、真実の信心だといいます。これは、どういう意味でしょうか。

信心は自分がおこすのか？　いただくものなのか？　この信心という言葉は、お経さんにも登場します。『仏説無量寿経』というお経さんに、「信心歓喜《しんじんかんぎ》　乃至一念《ないしいちねん》」（信心歓喜せんこと、乃至一念せん）として、信心が説かれています。

この言葉を受けて親鸞さんは、著書『教行信証《きょうぎょうしんしょう》』で、天親さんの「一心」という受け止めを引用し、「『信心』と言うは、すなわち本願力回向《ほんがんりきえこう》の信心なり。（中略）『一念』と言うは、信心二心なきがゆえに「一念」と曰《い》う。これを「一心」と名づく」と著しています。（二三五頁参照）

ここで注目したいのが、「「信心」と言うは、すなわち本願力回向の信心なり」。信心は本願力回向、阿弥陀さまの本願のはたらきによって与えられる、です。**つまり、信心は阿弥陀さまからいただくもの、なのです。**

そして、この「信心歓喜　乃至一念」というお経さんの言葉を根拠として詠まれたのが、この御和讃の「信心すなわち一心なり」なのです。

ではなぜ、いただく信心だから、真実の信心だといえるのでしょうか。

ここが恋愛と信心の大きな違いです。恋愛も信心も、おこす主体は私ではない、いただく感情であり、いただく信心。この私がいただくもの、ということでは同じです。けれども、誰からいただくか？　ということが大事なのです。

信心は阿弥陀さまから。そして恋愛は、自分がおかれている環境や状況、相手の存在など、さまざまな条件が整って、自分の中でおこされるもの。つまり**恋愛は、周りの条件によっていただくもの**です。ということは、周りの条件が変われば、愛が憎しみに変わることもある、ということです。たまたま条件が整ったことが、感情がおこされることの根拠となっている以上、それは仕方のないことです。まるで、条件という積み木を積み重ねて作ったお城のようなもので、不確かなものだからです。

それに対して、信心がおこされることの根拠は、阿弥陀さまです。阿弥陀さまは、阿弥陀如来といわれる仏さまです。如来とは、「如」という真実の世界から、「来」たという意味です。言葉を変えれば、真実が根拠となっているのです。なので、真実の信心であり、ダイヤモンドのように堅い信心といえるのです。


さて、話を「激しい恋がしたい」に戻しましょう。

実はこの質問をくださった方は、初老の男性でした。「恋がしたい」ではなく、「激しい」と仰ったお気持ちに、どのような思いを重ねておられたのかは、わかりません。けれども、いろいろな縁が重なり、そして条件が重なり、まるで積み木のお城のように、その方の中で形作られたのは、「激しい恋がしたい」という感情。それと同じように、条件が整えば、その方の中で「激しい恋」がおこされるのです。それは、「恋愛ができない」と悩んでおられる方も同じです。**大丈夫です。**恋愛ができないのでは、ないのです。**今は恋愛をする条件が、整っていないだけ。**縁が整っていないだけなのです。あなたが望もうが、望むまいが、縁が整えば、え？　こんな人と？と思うような人とも、恋愛をしてしまうのです。どんな恋をするかはお楽しみに、です。

2. 好きな人が振り向いてくれない　@『浄土和讃』

「すっごく好きな人がいるのだけど、振り向いてもらえない……。どうしたらいいと思う?」。相談とも、雑談とも取れる会話。ガールズトークの定番ともいえます。これに対する答えもまた、いくつかの定番があります。

「あなたみたいな素敵な人が、自分に興味があるって彼は思いもしないのよ。まずは好意があるって、伝えなきゃ」とか。「仕事が楽しい時期じゃないかな。責任もできてきて……。彼からメールの返信もなかなかないって、言ってたじゃない。仕事が忙しくて、恋愛する心の余裕がないのよ」とか。「あなたに好意があるのは見ていてわかるけど、彼女がいるって言ってなかった?付き合いが長い彼女だと、情もあるだろうし……」とか。細かなニュアンスの違いはあれど、

① あなたの気持ちに気付いていない。
② 仕事や学業、忙しいことが他にあって、恋愛する心の余裕がない。

③　彼女など、パートナーが既にいる。ただし一緒にいるのは、事情で仕方なくいるのであって、恋愛感情は薄れている。

だいたい、この三つの内からどれかをえらび、もっともらしく答えるのが定番であり、オトナの配慮です。

けれども、本当の答えはいたって簡単。彼はあなたに興味がないのです。

アメリカに住み始めた頃、まずは英語が話せなきゃ何もできないと、語学学校に通いました。そこで出会ったメキシコからの留学生の女の子と意気投合し、よく一緒に遊んでいました。裕福な家庭に生まれ育ち、メイドさんたちに日常生活を手伝ってもらっていたという彼女は、びっくりするほどワガママで、何かにつけて自信満々で、けれども憎めないところもあって、大好きな友人でした。

一緒にサンフランシスコの街を歩いている時に、素敵な男性とすれ違うと、決まって彼女は私に言いました。「振り向いて、私の代わりに確認して。きっと彼は、私を見るために振り返っているから」。言われたとおりに振り向くと、そこには小さくなっていく男性の背中があるだけです。「ね！　振り返っていたでしょ」と、ウインクする彼女に、その自信はいったいどこから来るのだ？　と思ったものです。

そんな彼女が、失恋をしました。彼女の名誉のためにも詳細は伏せますが、公衆の面前で派手にフラれて泣き叫ぶ姿に、私も心を痛めたものです。が、しかし、泣き止んだ彼女が発した一言に、我が耳を疑いました。
「彼は恐れたのよ。彼は私を愛することを恐れたの」。顎を上げ、キラキラとした目で遠くを見つめながら、そう言い放つ彼女に、心の中で「アホか！」とツッコミをいれたことが鮮明に思い出されます。少なくとも脳内では、ハリセンで彼女に二、三発ツッコんでいました。

　誰が見ても、聞いても、明白です。彼女をフッた彼は、愛することを恐れてなどいなかったのです。ただ、興味がなくなったのです。それは、好きな人が振り向いてくれないと、嘆いていた彼女のケースと同じです。友達の言葉に、惑わされてはいけません。好きな人に振り向いてもらえない可哀想なあなたを、これ以上、傷付けないように、言葉をえらび、遠回しに、彼を諦めろと言っていたのです。

定散《じょうさん》自力《じりき》の称名《しょうみょう》は
果遂《かすい》のちかいに帰してこそ
おしえざれども自然《じねん》に
真如《しんにょ》の門に転入する

意訳

自分の都合で称えたお念仏であっても

必ず果たし遂げる！　生きとし生けるものを迷いからすくう！　と、阿弥陀さまが誓ってくださったから

その誓いのはたらきによって、いつともなく自然に

阿弥陀さまの他力の念仏にうつりかわることができるのです

これは『浄土和讃《じょうどわさん》』の中、『仏説無量寿経《ぶっせつむりょうじゅきょう》』というお経さんのお意《こころ》を詠まれた「大経意《だいきょうのこころ》」、二十二首の中の一首です。

ここで注目したいのが、「**真如**」という言葉です。お念仏の利益《りやく》として私たちにおこることが、真如の門に転入すると仰る親鸞さん。転入するとは、親鸞さんの語句説明によると、「うつりいるといふ」。言い換えればそれは、生き方がひっくり返るということです。阿弥陀さまの誓いのはたらきによって、真如に出遇い、真《まこと》である真如を通して、真《まこと》たり得ない我が身を知らされる。『唯識論』第九に「真とは謂《い》わく真実にして虚妄ならざるを顕《あらわ》し、如とは謂わく如常にして変易なきを表す」とあります。つまり真如とは、真実で変わりがないもの。真実そのもの、ということです。

で、ここで、ハタと気付くわけです。ということは、今、私たちが生きているのは、真実ではない世界なのかと。これは、大問題です。

私のメキシコ人の友人は、自分をフッた人は自分に興味がなくなったのではなく、愛することを恐れたと思い込んでいます。

好きな人が振り向いてくれないと嘆く友人には、あなたの気持ちに気付いていないだけとか、彼は仕事が忙しいとか、事情で仕方なく他のパートナーといると気休めを言って、その場をしのぎます。女同士の友情を失わないために。そして言われた方も、そうに違いないと、思い込みます。

ノー！　ノー！　ノー！　声を大にして言います。そんなことは、ないのです。そうだと思い込みたい、あなたの気持ちは痛いほどわかります。辛い真実より、甘美な嘘が聞きたいのもわかります。

けれども、真実は違うのです。ハッキリ言いましょう。男性は、本当に好きな人には遠慮をしません。振り向くことに遠慮がないだけでなく、向かってきます。なので、あなたの気持ちに気付かないことなど、ありえないのです。と、女の私が力説しても、信ぴょう性がないかもしれませんが、それでも言いますよ。

仕事が忙しくて恋愛ができない？　仕事が忙しくて、心臓を動かすのを忘れる人がいますか？　心臓は努力して動かすものでは、ありません。誰かを好きになることも、同じことです。努力して誰かを好きになるのでは、ないのです。

自分の感情だけれども、自分が起こす感情ではないのです。つまり仕事や学業の忙しさと恋愛ができないことは、同列に話すことではないのです。ただ、言い訳としては世間の認知度が高く、使いやすい表現なのでよく使われますが。けれども、言い訳に誤魔化されてはいけません。

好きな人がいることで励みとなり、仕事にやりがいがでることはあっても、好きな人の存在が仕事の障害になることはありません。つまり仕事や学業の忙しさは、あなたへの感情の妨げにならないということです。もしも忙しさをその理由としたのなら、忙しいという漢字が表すとおり、彼はあなたへの「心」を「亡」くしたということです。それとも、元々無かったのか。

パートナーがいるという慰めも、同じです。パートナーがいても、誰かに好意を持つことはあるのです。そしてその感情が、恋愛に変わることもあります。現代の倫理的価値観では、それはダメなことかもしれません。けれども、現代という限られた時間の、日本という、これまた限られた場所の価値観ではなく、どうすることもできない人間の感情という広い視点で見ると、気持ちが変わるということ。これは、真実です。

ちょっぴり冷たく、厳しい言い方になったかもしれません。けれども、大なり小なり、思い当たることはありませんか？　私は、あります。都合の悪い真実から目をそらし、自分や友人の想像に基づいた、何の根拠もない、言い訳や慰めを、さも真実のように思い込む。そして、思い込んだことを基にして、判断し、行動する。

果たしてそれは、真実の世界でしょうか？　自分の思いの中、自分に都合のいいように解釈した世界、自分の思い込んだ世界を生きていることには、なりませんか？　そのことに気付かず、思い込んだ世界を、真実だと思い込んでいる。

この御和讃では、お念仏を称えることで、**真如という真実そのものに出遇わせていただく**と詠われます。お念仏とは、仏を念じること。仏とは、阿弥陀如来です。「如」という真実から「来」た阿弥陀さまを念じ、真実に出遇うことで、真実ではない世界を生きている自分自身に気付かされる。その気付きは、大きな驚きです。だって、今、自分が生きている世界が、自分の思い込みの世界であって、真実ではないと知らされたのです。それはまさに「転入」、**生き方がひっくり返るような衝撃**です。

さて、ふり出しにもどって、「好きな人が振り向いてくれない」という質問。これは、振り向かないという事実が、既に答えです。

「振り向いてくれない」のでも、「振り向くのをためらっている」のでもなく。「振り向かない理由」も、大事ではありません。**ただ「振り向かない」のです。その事実を事実のまま、知る。**たとえその事実を受け入れることができなくても、納得できなくても、事実を知るのと、事実を知らずに自分の思い込みを握りしめているのでは、大きな違いがあります。

大丈夫。今は、その事実が辛く、悲しくても。事実を事実だと知るということは、他でもなく、真実に出遇ったということです。言葉を変えれば、自分の想像、妄想、期待で作りあげた人ではなく、一端であっても、その人自身に出遇ったということです。それは思いが成就できなかった悲しみのなかで得られる、ささやかな喜びです。そして何より、思い込みからの解放は、あなたに新たな歩みと出遇いをもたらしてくれます。大丈夫です。

3．関係が長続きしない

@『浄土和讃』

アメリカに住んでいた頃は、週末といわず、平日もよくパーティーに行っていました。一口にパーティーといっても、カジュアルなものからフォーマルなもの、プライベートなものからオフィシャルなものといろいろあります。しかし、ひとつだけ共通することがあります。それはパートナーがいる人は、一緒に行くということです。特にルールとして決まっているわけではありません。けれども、お付き合いをしている人がいれば、一緒に出掛ける。アメリカでは当たり前のことですが、たまに戸惑うこともありました。知らなくてもいい他人のプライベートを、垣間見てしまうことがあるからです。

何があるかというと、**パーティーに同伴する人が毎回違う人がいるのです**。一緒にいるのは、前回紹介してもらった人と違うな。そういえば、その前に紹介してもらった人は、あの後、見掛けないなといった具合にコロコロ変わる。皆さんの周りにもおられませんか？　ひょっとしたら、自分のことだと思われた方も、おられるかもしれません。

ところでこの対人関係、つまりリレーションシップ、当然のことながら妥当な期間というのが決まっているわけではありません。とはいっても誕生日パーティーで、主役の横に立つ人が毎年違うというのは、ゲストの心証にあまりいいとは言えないかもしれません。ぶっちゃけ周りにどう思われようが、何を言われようが、関係ないといえば関係ないのですが……。

問題は、自分自身です。何かの拍子、大抵それは、ひとつのリレーションシップが終わった時ですが。「なぜ、今回も続かなかったのだろう?」と立ち止まり、自問する友人を何人か見たことがあります。立ち止まるのは結構なことです。けれども**迷っている自分が、迷っている自分に問いかけたところで、ロクな答えが返ってくるとは思えません。**それは迷子になった人が、迷子になっている人に道を尋ねるようなものだからです。

案の定、自分の思い込みで導き出された結論は、忍耐がない、協調性がない、ワガママだといった**自虐のオンパレード**。続かない原因を全て自分が引き受け、**ダメな人間だと自分で自分を否定する。**こうして書いていても、何人かの友人たちの顔が浮かびます。けれども、果たしてそうなのでしょうか? リレーションシップは、長く続けないといけないのでしょうか。

『浄土《じょうど》和讃《わさん》』「大経意《だいきょうのこころ》」に、こんな御和讃が詠われています。

尊者阿難《そんじゃあなん》座よりたち
世尊《せそん》の威光《いこう》を瞻仰《せんごう》し
生希有心《しょうけうしん》とおどろかし
未曾見《みぞうけん》とぞあやしみし

意訳

お釈迦さまの身の回りの世話をしていた阿難さんが、思わず座より立ち上がって
お釈迦さまの光り輝くお姿を仰ぎ見ました
そして、あまりにもありがたいお姿に驚き
未だかつてこのようにすぐれたお姿を見たことがないと、不思議に思われました

これは『仏説無量寿経《ぶっせつむりょうじゅきょう》』というお経さんに説かれている、お釈迦さまと阿難さんの出遇いの場面を基とした御和讃です。ここには仏教の教えの大事なポイントがギュッと詰まっているだけでなく、物語としても、とっても面白い場面です。その場面、皆さんと一緒に尋ねてみましょう。

まずは、登場人物。これは二人、お釈迦さまと阿難さんです。阿難さんは、詳しくは阿難陀といい、お釈迦さまの従兄弟です。一説には、お釈迦さまが覚りを開かれた成道の日に生まれたと

もいわれます。とすると、歳の開きは三十五歳。この差が、後々意味を持ってきます。

ところで読者の皆さんの中には、あれ？　と思っている方が、おられるかもしれません。お釈迦さまと阿難さんの出遇いといいながら、まさかの従兄弟、まさかの身内。従兄弟同士なら既に面識があるはずだからおかしい。おまけに身の回りの世話をしていて、今さら出遇うという言い方もヘンだ。それに、何？　その漢字。「出遇う」って、誤字じゃない？　と、ツッコミどころが満載かもしれません。

しかし、「出遇う」は誤字ではありません。あえての「遇」です。ちなみに「あう」といった時、漢字は他に「会」「合」「逢」「遭」などがあります。

「会う」は、時間と場所を決めて人と会う

「合う」は、靴が合う、口に合うなど、ある基準に合う

「逢う」は、ときめくような嬉しい、人との出逢い

「遭う」は、事故や苦手な人に遭うなど、嫌な出遭い

ザッとですが、こんな意味があるのではないでしょうか。これによると、お釈迦さまと阿難さんは、既に「会って」いたのです。けれども今回、初めて「遇う」ことができたのです。会っていたけれど遇えていなかった、というとなんだか謎かけのようですね。

右の四つの漢字に共通するのは、自分の都合であり意思や思いです。たとえば、自分や相手にとって都合のいい時間や場所を決めて「会う」。足のサイズや味覚という都合に「合う」、また、あの人とは波長が「合う」などはまさに自分の思いです。自分の都合にいい「逢う」と、自分の都合に悪い「遭う」。全て、都合が良いか悪いか、好きか嫌いか、そんな自分の思いが基準になっています。それに対して、「遇う」は、偶然に、たまたまに、人や出来事に遇う時に使われます。それは、**自分の都合や思いといったものが介在しない「遇う」**です。

そしてこの日、阿難さんは、たまたまお釈迦さまが一番伝えたかったこと、言いたかったことに遇うことができたのです。そして、そのことこそが、仏教の大事なポイントでもあるのです。

お釈迦さまの教えは、真《まこと》の教えです。けれども、これが真の教えですよ、迷いを超えていく教えですよと言っても、頷く人がいなければ、教えは知識や教養のお話で終わってしまいます。「あう」の漢字の例でいえば、聞いて得した、自慢できる、賢くなったと、自分の都合に合う聞き方です。それは、自分の思いで聞いているのであって、お釈迦さまが言いたいことを聞いているとはいえません。自分の都合や価値観に縛られ、お釈迦さまが伝えたい本当のことがなかなか聞けないのです。実は、阿難さん自身がそうだったのです。

阿難さんにとってお釈迦さまは、三十五歳近くも歳の離れた目上の人。それだけでなく、覚りを開き、多くの人たちに慕われている、一族のスーパースターです。スゴイ人なんです。立派な人なんです。自分とはゼンゼン違う、雲の上の人なんです。と、思うあまり、覚りを開くというのは、立派な人になってできること、自分には夢のまた夢、無理なこと。そう思っていたのです。

お釈迦さま、すっごく悲しかったと思います。阿難さんにはニックネームがあり、「多聞第一《たもん》」と呼ばれていました。お釈迦さまに付いて、アチコチ行きますから、説法を全部、聞いているのです。なんと、完コピができるくらい。ちなみに、お釈迦さまが亡くなった後、阿難さんの完コピのおかげで経典を編纂することができたといわれています。が、しかしです。一番、説法を聞いている阿難さんに、教えが全く伝わっていなかったのです。耳に聞こえる言葉は伝えられても、言葉に託されたお意《こころ》が、まったく伝わらない。お釈迦さまも悲しむハズです。

お釈迦さまが伝えておられたのは、**誰でも迷いを超える道がある**、ということだったのです。誰でも、です。勉強をして、修行をして、立派な人になって、迷いを超えて、覚りを開く。そんな教えを、説いておられたのではないのです。阿難よ、あなたも仏になる方法がある。そう、説いておられたのです。

ここで、ふたりの出遇いの場面を見てみましょう。

「尊者阿難座よりたち」です。阿難さんは、立ち上がったのです。なぜ、わざわざ立ち上がったのでしょうか？　そこには、驚きがあったのです。頭で考えて行動したのではなく、びっくりして身体が自然に動いた。その理由は、お釈迦さまの光輝くお姿でした。そのお姿を通して、お釈迦さまが伝えたいことに出遇ったのです。

ポイントだけ言ってしまうと、このとき阿難さんは、過去や現在の仏だけでなく、未来の仏を念じているお釈迦さまに出遇ったのです。未来の仏とは、今は仏ではない人間です。立派になって迷いを超えていくのではなく、立派になれない私が、法によって迷いを超えさせていただく。法に出遇うことによって、皆、仏になる。お釈迦さまが一番伝えたかった、仏教の要《かなめ》に出遇ったのです。

それはお釈迦さまが説いておられた「真」の教えが、阿難さんの上に「実」現した瞬間でもありました。まさに、真にして実なる、真実の教えです。

メデタシ、メデタシ。でも、それとリレーションシップ問題がどう関係しているの？　と思われるかもしれません。しかし、大アリなのです。

一説には、阿難さんはお釈迦さまに約二十年間付き従っていたにも関わらず、御和讃に詠われるような出遇いは、できなかったといわれています。長く一緒にいても、お釈迦さまの本当のお意《こころ》に触れることができなかったのです。顔を合わせ、生活を共にし、言葉を交わしていても、お釈迦さまは雲の上の人だ、との先入観があり、見ても聞いても、自分の価値観で翻訳し、見たつもり、聞いたつもりになっていた。「会って」はいたけれど、「遇え」ていなかったのです。

これ、私たちのリレーションシップでも、同じことがいえませんか？　「アバタもエクボ」で始まった関係が、「坊主憎けりゃ袈裟まで憎い」になる。その逆もあるかもしれません。どちらにしても、見ているのは相手ではなく、自分の思いであり価値観です。要は、本当の意味で出遇えていないのです。そして、そのことにも気付いていない。

「尊者阿難座よりたち」と阿難さんが立ち上がるシーンは、今のリレーションシップに胡坐《あぐら》をかいていませんか？　本当の意味で、相手と遇えていますか？　との呼びかけにも聞こえます。

リレーションシップで大切なのは、期間ではないのです。期間の長短にこだわる必要はなく、またどんなリレーションシップであったとしても、そこには善悪も優劣もないのです。自分にとって嬉しい「出逢い」も嫌な「出遭い」も、どんな「出会い」も全て、今の私に必要な、大切なことなのです。

4. 別れたパートナーと復縁したい

@『浄土和讃』

ほんと、ゴメンなさい。正直に言います。いろいろなご質問をいただくことが多いのですが、私自身、理解できないのがこの質問です。けれども、よくいただく質問でもあります。「別れた彼とやり直したい」。「昔の彼女がどうしても忘れられない。手紙を出そうと何通か書いたが、まだ出せない」。「どうしたらいいと思う？」と。

中には、学生時代の彼女が住んでいる町のラジオ局に、二人の思い出の曲をリクエストしたというツワモノも。少女漫画か！　と、思わず二十歳以上年長の男性に向かって、ツッコんでしまったことがあります。クールな雰囲気、テキパキと仕事をこなし理路整然と話す彼の頭の中が、そんなお花畑状態になっていたことに、ただただ驚きました。

しかし、この「やり直したい」という言葉。男性、女性、年齢、そして別れてからの時間の長短に関わらず、出てくるようです。先の男性ではないですが、自他共に認める愛妻家の男性が、何十年も前のパートナーを思い出し、やり直したい。なぜあの時、別れたのか聞きたいと仰る。

奥さんを大事にしていても、それはそれ、これはこれ、なのかもしれません。本当に他人の心の中は、推し量れません。もっといえば、本人もわからない部分が多くあるのかもしれません。

さて、現在のパートナーの有無に関わらず、わき起こってくる復縁したいという気持ち。よほど素敵な関係が築けていたのだと思います。でもね、別れているのです。その関係は、終わっているのです。あなたが相手のことを忘れられなくても、相手はキレイサッパリ忘れています。

「私の中では、まだ終わっていない！」と、力強く言い切られる方もおられます。**心配しなくて大丈夫。相手の中では、終わっています。**

私が理解できないと言ったのは、関係が終わった彼や彼女に、どうしてこだわるのか？　ということです。これから出会いもあるし、第一、こんなにたくさんの男女がこの世には生きている。どんなに甘く、素敵な関係であったとしても、その関係が壊れ、相手に対しての感情がなくなってしまった今。その感情を復活させることなど、誰にもできないのです。中にはさらに食い下がる方もいて、「でも、振ったのは私だから」と仰る方もいます。確かに、あなたから切り出した別れで、あなたが主導して壊した関係かもしれません。けれども、だからといって、あなたの思い通りに復縁できるものではないのです。そもそも、恋愛関係は優劣ではないのです。振った私が優勢で、振られた相手が劣勢。そういった思いで相手を見ていたとしたなら、それは本当の意味で相手と向き合っていたとは言えません。

この優劣。比べるという思いが、実は復縁したい気持ちにも大きく関わっているのではないでしょうか。過去を思い出し、「やっぱり、あの人だった」。「あの人が一番、私を大事にしてくれた」。「あの人を一番、愛していた」。溢れてくる、それらの言葉と感情。**今まで付き合った人たちを全て比べているんですね**。件の男性でいえば、今、生活を共にしている奥さんと、過去の彼女を知らず知らずの内に比べている。
『浄土《じょうど》和讃《わさん》』に、こんな御和讃が詠われています。

超日月光《ちょうにちがっこう》この身には
念仏三昧《さんまい》おしえしむ
十方の如来は衆生《しゅじょう》を
一子《いっし》のごとくに憐念《れんねん》す

意訳
（勢至《せいし》菩薩がお釈迦さまに仰いました）超日月光仏が、私に
念仏三昧の法を教えてくださいました
阿弥陀さまが、生きとし生けるもの全てをすくうと仰るのは
まるで母親が一人っ子を慈しむようなものだと

生きとし生けるもの全てをすくうという阿弥陀さまのはたらきと聞くと、人類をザクッとまとめてすくうようなイメージを持ってしまいがちです。しかしこの御和讃で詠われるように、まるで一人っ子に対するように向き合ってくださるのです。一人というのは、他に比べるものがないことを表しています。

勉強ができる子、健康な子、他人に優しい子、はたまた、お金をたくさん稼ぐ子、社会的に成功した子だけを「よく頑張ったね」と褒めてすくうのではないのです。**勉強ができなくても、病気になっても、他人に優しくできず、仕事をクビになり、社会的に認められなくても、どんな時でも必ずあなたに寄り添いますよと、阿弥陀さまが呼びかけてくださっているのです。**

では寄り添ってくれているという阿弥陀さまが、復縁させてくれるの？　では、ありません！

阿弥陀如来ともいわれる阿弥陀さまは、言葉を変えれば真実です。

これは親鸞さんの主著『教行信証《きょうぎょうしんしょう》』という書物の中にもハッキリと書かれています。親鸞さんはその中で『涅槃経《ねはんぎょう》』の言葉を引用し、「真実というは、すなわちこれ如来なり。如来はすなわちこれ真実なり」と記しておられます。

つまり真実とは何か？　阿弥陀如来という仏さまです。仏さまは、何をしているのか？　「衆生を一子のごとくに憐念す」。一人っ子のように誰とも、何とも、比べない。私がどんな状態であろうとも、比べることがないということです。**いのちに優劣はなく、どのいのちも比べることのない、大事ないのちだということ。これが、真実です。**

けれども、私はどうでしょうか？　自分の都合によって、大事だった人さえも比べる対象にしている。あの人とは、やり直したい。でも、あの人とは、一生、会いたくない。

それは相手を傷付けるだけでなく、過去の自分をも傷付けることです。痛ましいなぁと思います。過去の自分を傷付けるというのは、過去から連なる現在をも否定することです。現在を否定するから、既に終わった過去の関係を懐かしむのかもしれません。もっといえば、過去と現在をも比べているのです。あの頃はよかったと。

では、過去と比べなければいいのでしょうか。確かに、そうです、簡単なことです。けれども、その簡単なことができないのです。なぜなら意識して比べているのではないからです。もっといえば、比べているということさえ、気付いていないかもしれません。

時間のある時でいいので、初恋の相手から順に書き出してみると、おもしろいですよ。名前、どうして出会ったのか、そしてなぜ別れたのか。意外な共通点が浮かび上がるかもしれませんし、共通点などないかもしれません。ただ一つ言えること。それは、**どの人も、どの関係も、大事だということです。**たとえ一生、会いたくないと思う相手であっても、その人がいなければ、今の私はいないのです。その事実が、書き出した行間から浮かび上がると同時に、今を大切に思う気持ちが、生まれてくるはずです。

そうです。**やり直したい大切な相手は、すでにあなたの中にいるのです。**あなたの考え方の一部を担っているかもしれませんし、読む本、えらぶ服にも影響を及ぼしているかもしれません。今のあなたを形成する、大事な一部となっているのです。それは、相手にとっても同じことです。たとえ振られた相手であっても、その相手の中にも、あなたがいます。望むと望まざるとにおいてです。なので、復縁にこだわることはないのです。

5. パートナーが浮気をした！　＠『高僧和讃』曇鸞さん

「また浮気されたの」。ふいに耳に飛び込んできた、衝撃的な言葉。気になるのに、聞こえていない風を装い、雑誌のページをめくります。ここは京都の祇園にある、髪結い専門店。座席数は二つ、美容師さんは一人の、小さなお店。仕事の前にはいつもお世話になっているので、何人かの常連さんとは顔馴染みに。とはいっても、名前も、職業もお互いに知りません。お店で顔を合わせたら会釈をして、先に終わった方が「お先《さき》ぃ」と言って店を出る。件の声の主も、その一人。歳の頃は三十代後半、雨の日も風の日もいつも淡い色のお着物で、洋服姿を見たことがありません。目鼻立ちがはっきりとした華やかなお顔は、どちらかというと洋風。美人さんです。その彼女の口から出たのが、浮気をされたという言葉。気にならないハズが、ありません。

「どう思う？　あんなに尽くしてたのに……」と、美容師さんに訴えますが、聞かれた方も困ります。そもそも私がいるのに、そんな話をするというのは、浮気騒動がひと段落して、ぼやいているだけなのか、言わずにおれないのか。私の邪推にはお構いなしに、いかに自分が尽くしてきたかを切々と語り続ける彼女。アンナことをした、コンナこともしたという話が、いつしか武勇伝のようになっていくから不思議です。

ところで、この「尽くす」ということ。一体、誰に、何に、尽くしているのでしょうか。当の本人は、パートナーに尽くしたと思い込んでいるようですが、私には違うように聞こえました。**彼女が尽くしていたのは、自分自身の思いです。**自分の思いに、一生懸命だったのです。だからこそ、武勇伝になったのでしょう。

さて、この浮気。そもそも何をもって浮気とするのかも問題です。

アメリカに住んでいた頃、こんなことがありました。仮に名前を、ケビンとアンご夫妻としておきましょう。High School Sweetheart といわれる高校生の時からのカップルで、結婚して二十年近く。長身で引き締まった体、精悍な顔つきのケビンと、小柄でたおやかな雰囲気、話し方も優しいアンは、お似合いのカップルでした。そんな二人とパーティーで出会い、意気投合。ホームパーティーに招かれたり、時にはアンの妹も一緒に四人で食事に行ったりと、楽しく過ごしていました。

ところがいつ頃からか、食事の約束にアンと妹が来なくなりました。仕事が終わらない、急用ができたなど理由はいろいろでしたが、決まってドタキャンです。アンがよろしくと言っていた、アンが残念がっていた、そう言いながら待ち合わせの場所に一人で現れるケビン。私のことを妹と呼ぶ面倒見のいい彼は、友人というよりお兄ちゃんのような存在で、最初こそ二人で食事に行くことに戸惑いもありましたが、いつしかそれが普通になっていきました。

そんなある日のことです。その日も二人で、サンフランシスコ郊外にあるマレーシア・レストランで食事をしていると、彼がこんな話を始めたのです。

「アンと僕は、Open relationship なんだ」。

え？　何、いきなり。しかも、オープン・リレーションシップって何？　意味がわかるような気もするけれど、わからないフリして聞き流そうか。いやいや、ここはハッキリさせておいた方がいい。そんな小競り合いが心の中であった後、私はケビンに聞き返しました。「Open relationship って、言葉の意味がわからないんだけど」。彼は、きまり悪そうに笑った後、「結婚しているけれども、お互いが別にパートナーを持つことを認めている関係ってことだよ」と説明してくれました。そして、「これを言い出したのはアンなんだ」と続けました。

数年前、アンから好きな人が出来たと告げられたケビン。けれども、ケビンのことは愛しているし、大切な家族。別れるつもりはない。でも、その人と交際したい。まさに青天の霹靂。ケビンはとてもショックで、傷付いたそうです。けれどもアンに勧められるまま、しぶしぶ他の女性とのデートを始めたところ、楽しくなってきた。それだけでなく、アンとの関係も良くなった。

だから、付き合おうよ。と言われても、意味がわからない！　というより、意味がわかり過ぎて、わかりたくない！　あまりの衝撃に、手にしていたロティ（マレーシアのパン）をカレーにつけるところ、つけすぎて指の第一関節までカレー漬けに。

ほんと、驚きました。愛しているから、その愛している人の望みを叶えたい。愛しているから、他の人と浮気をする。いろいろな形があるのだと。

後日アンに会った時、「ケビンが断られたって、悲しがっていたわ。付き合えばいいのに」と勧められ、この夫婦は深いところで繋がっているのだと、感心した記憶があります。

そうなんです。**私の価値観で、他人の恋愛をあれこれ判断することなど、できないのです。**だから社会的には問答無用でダメとされる浮気も、軽々とダメとも言えない。もちろん、おススメもしませんが。

本当のことを言えば、人は浮気をするのです。

特定のパートナー以外の人に気持ちが移ること、これが浮気なら、みんなしています。口に出さないだけのことです。その移っている期間が、一瞬なのか、長いのかは、その時々。そして、一線を超えたら浮気確定！　となります。しかしこの一線も、問題です。どこに線を引くかは、人それぞれ。え？　そこに線を引くの？　キビシイね、ということもあれば、寛容だね、ということもあります。

言い切ってしまうのも語弊がありますが、あえて言うと、実は浮気は問題ではないのです。人として生きて、生活して、いろいろな出会いがある以上、気持ちが一瞬でも他者に移るのは当然のことです。

なので、「パートナーが浮気をした！」というのは、ある意味「パートナーがご飯を食べた！」とか、「パートナーがトイレに行った！」というくらい、自然なことなのです。

ここでの一番の問題は、**「浮気をされた」と思うこと**です。

「浮気をした」が事実を伝えているのに対して、「浮気をされた」には**被害者としての自分の立場が入っています**。つまり、事実＋感情です。感情は自分の思いであり、価値観によって生まれます。

「人間は迷うというが、何に迷うのか？　言葉に迷う」。これは仏教学者、安田理深《りじん》の言葉です。

私たちは名前をつけた瞬間に、その言葉によって縛られます。この場合、浮気の事実よりも、浮気という言葉が持つイメージによって思い起こされるさまざまなことに縛られるのです。

私よりも相手の人の方が魅力的なのだ、私は否定された、とか。パートナーが私を思うよりも、私がパートナーを思う方が深い愛情なのだ、こんなに尽くしたのにヒドい、とか。結婚をしていたら、財産はどうなるの？　子供は？　と。想像は瞬く間に、あらゆる方向に広がっていきます。それは大きな網のようで、その網にとらわれもがき苦しんでいるのが、他でもない自分自身なのです。まさに、言葉に迷っているのです。

なので、自分の思いや価値観を基準として、言葉を分別《ふんべつ》していることからの解放こそが、私たちにとってのすくいとなるのです。そして解き放ってくれるのは、他でもない言葉です。言葉で解放するとは、言葉をもってはたらきかけるということです。そしてその言葉こそが、「南無阿弥陀仏」なのです。

安楽仏国《あんらくぶっこく》に生《しょう》ずるは
畢竟成仏《ひっきょうじょうぶつ》の道路にて
無上の方便なりければ
諸仏浄土をすすめけり

この御和讃は曇鸞《どんらん》さんが書いた『論註』（『無量寿経《むりょうじゅきょう》優婆提舎《うばだいしゃ》願生偈註《がんしょうげちゅう》』）の言葉が基になっています。

意訳

迷いを超えた阿弥陀さまの浄土に生まれることは
この私をすくうと誓ってくださった阿弥陀さまのはたらきによって
私たち衆生に成り立つ、この上もない立派な教えだから
諸仏たちは阿弥陀さまの浄土を勧めてくださるのです

まずはこの御和讃のポイントを、ザクッとまとめてみます。

この御和讃のポイント！

① 迷いを超える道は、浄土に生まれること。コレしかない！
② 浄土に生まれる方法は、私が努力をして行くのではなく、阿弥陀さまのはたらきによって、生まれさせていただく。
③ だから、どんな仏さまも浄土に生まれることを勧めてくださる。

この三番目、「勧める」に注目です。実は阿弥陀さまが法蔵菩薩《ほうぞうぼさつ》という修行僧だった時、「これらの誓いが成就しなかったら、私は仏になりません！」と四十八の誓願《せいがん》をたてられます。その中に、「たとい我、仏を得んに、十方世界の無量の諸仏、ことごとく咨嗟《ししゃ》して、我が名を称せずん

ば、正覚《しょうがく》を取らじ」と誓われる十七番目の願があります。意味は、「どんな仏さまも、ことごとく私を褒め、私の名前を称えることがなければ、私は仏さまになりません」です。ちなみに咨嗟とは、褒め称えるという意味。これ、ポイントの三番目と重なりませんか？

褒めるということは、勧めるということです。そして、褒めるというのは、出遇っているということです。なぜなら出遇ってもいないものを、褒めることなどできないからです。つまり「阿弥陀を褒めて！」とは、「阿弥陀に出遇って！」という、阿弥陀さまからの呼びかけなのです。そして、その呼びかけこそが「南無阿弥陀仏」なのです。

では、「南無阿弥陀仏」と呼びかけられるとは、どういうことなのでしょうか。それは、**「自分の思いに縛られていませんか？」ということです。**自分の思いや価値観が絶対だと思い込み、その思い込みに自分自身が縛られていませんか？　そして苦しんでいませんか？　迷っていませんか？

何かを見て、聞いて、読んで、それらを判断する時の基準は、当然のことながら自分です。生まれてから今までに経験したこと、得た知識等々によって培われた私の価値観です。それを絶対だと思い込むのは当然です。なので、それらに縛られ、苦しんでいるとは、なかなか気付けないのです。けれども、「南無阿弥陀仏」との呼びかけによって、「あれ？」と立ち止まらせていただく。「あれ？　絶対だと思い込んでいたけれど、アタリマエだと思っていたけれど、そうだろうか？」「あれ？　自分の思いや都合で、私は今、苦しんでいるのかもしれない」と。それは「南無阿弥陀仏」をいただくことによって、開かれていくいのちです。

だからといって、パートナーが浮気をした事実は消えません。それによって、悲しい思いをした事実も消えません。消えませんが、**何によって苦しみ、迷っているのかがハッキリします。**いのちが開かれるとは、道が開かれるということです。大丈夫！　悲しくても、辛くても、道はあります。

6. DVとどう向き合うか

@『正像末和讃』

アメリカの語学学校で働いていた時のことです。一般的な受付業務の他に、在学生たちの授業料や出席の管理などを行っていました。世界中から集まって来る生徒たちのほとんどが、学生ビザでアメリカに滞在している留学生です。ビザというのは非常に厄介なもので、学生ビザなら、週に十八時間以上学校で学ばなければならない等、その種類によって、さまざまな条件が課されます。ですので出席の管理というのはとても重要で、欠席が続くと手紙を出したり、電話をしたりして、学校に来るように伝えます。

ある日のことです。突然一人の生徒が学校に姿を見せなくなり、その後、欠席が続きました。二十代の日本人女性です。彼女の携帯電話に電話をしても、メッセージを残しても、メールを送っても連絡がありません。どうしたのかと心配をしていたら、数週間後に笑顔で学校に現れました。受付にいる私のところまで小走りにやって来て、「大変だったんです」と。

なんと彼女、Jail（拘置所のような場所）に入れられていたというのです。これにはびっくりしました。しかも入れられた理由というのが、まさかのＤＶ。身長百六十センチに満たない小柄な日本人女性が、どうやって暴力を振るったの？　と思うのですが、ナイフを握ってしまったというから、またまたびっくりです。

話を聞くと、彼女のアパートメントに入り浸っていたアメリカ人のボーイフレンドにはめられたと言います。突然ケンカを吹っ掛けられ、言葉が満足に通じないこともあって、怒りの表現として、そばに置いてあった小さなナイフを思わず握ったといいます。当然、刺すつもりなどありません。けれども、ナイフを握った瞬間に警察に電話をされ、わずか数分で到着した警官によって現行犯逮捕。英語があまり話せない彼女は、気が動転していることもあり、ギャーギャー騒いで、さらに事態を悪化。そしてJailへ。あろうことか彼女がJailにいる間、ボーイフレンドは別の女性とそのアパートメントで暮らしていたというから驚きです。

そしてもっと驚きだったのが、彼女のJailレポート。「ごはんがマズくて大変だった」とか、「一緒の檻に入れられた人たちが、私以外はみんな売春で捕まった人たちで、仕事、紹介されちゃった」とか。おまけに「その中で仲良くなった人。おへそに大きな蝶のピアスをしていて、羽がパタパタ動くの。その彼女と今日、会うの」と！　会うのはいいけど、お仕事、紹介してもらっちゃダメだよと念を押し、教室に向かう彼女の背中を見送りました。

基本的に民事不介入の日本と違い、アメリカではいとも簡単に警察が介入してきます。これは、

DVによる死亡率が日本の比ではないことなどが、影響しているのかもしれません。だからでしょうか、DVで警察に通報されたという話は、「よく」ではありませんが、時々耳にしました。

知人の中国系アメリカ人の男性は、夫婦喧嘩でカッときて、かといって女性に手を上げることも出来ず、近くにあったゴミ箱を思いっきり蹴ったら、警察に通報されてお縄。ついでを言えば、警官を呼んだ奥さんは不倫中。けれども、このDV騒動を逆手にとって離婚成立。ついでに、慰謝料も。こうなったら、どちらがDVを受けているかわかりません。

DVと一口にいっても、さまざまです。男性から女性へ。女性から男性へ。肉体的虐待、精神的虐待、そしてDVを利用して自分の望みを叶えようとする等々。

人生をシェアしようと思った相手なのに、その大切な相手を暴力や言葉、態度で傷付けてしまう。痛ましいなと、しみじみ思います。

けれども実は、**傷付けていることに気付いていない**ことも多いと聞きます。

日本では昔から「夫婦喧嘩は犬も食わない」と言われるように、放っておけばよいと思われる風潮があるだけでなく、当事者も、暴力と愛情表現の線引きが曖昧で、愛しているから、愛されているからと思い込んで、事態を悪化させることがあるそうです。つまり、本当の愛情がわからないのです。

と、まるで恋愛は師範級、黒帯です！　みたいな言い方をしてしまいましたが、正直なところ本当の愛情が何かはわかりません。けれども、少なくとも、相手の肉体や精神、尊厳を傷付けることは、本当の愛情ではないと思います。

『正像末和讃《しょうぞうまつわさん》』に、こんな御和讃が詠われています。

自力諸善のひとはみな
仏智《ぶっち》の不思議をうたがえば
自業自得《じごうじとく》の道理にて
七宝《しっぽう》の獄にぞいりにける

意訳

自分の力を拠《よ》り所《どころ》として迷いを超えていこうと思う人たちは
阿弥陀さまの「あなたを必ずすくう」という誓いを疑っているので
その疑うという行為の報いとして
自分の思いの中に閉じ籠ったままで、真に教えに出遇うことができないこれは『仏説《ぶっせつ》無量寿経《むりょうじゅきょう》』に説かれているたとえ話が基になっています。その話は、こうです。

お釈迦さまが弥勒《みろく》菩薩に、仰いました。

「たとえば転輪聖王《てんりんじょうおう》の皇子《おうじ》が、聖王の政治に背いて罰せられ、黄金の鎖につながれ、宝石でできた牢獄に入れられたと思いなさい。牢獄といっても眩《まばゆ》い宮殿で、衣食にも贅がつくされている。暖かなベッドもあり、心地よい音楽も流れている。けれども皇子は、それで満足するだろうか」と。

弥勒菩薩は答えます。「いいえ、お釈迦さま。皇子はあらゆる手段を考えて、そこから逃れ出ようとすると思います」。

それを聞いて、お釈迦さまは続けます。「もちろん、皇子は逃れようとするであろう。化土《けど》の胎宮《たいぐう》も、同じようなことだ。皇子が入れられた牢獄は、衣食住も満足で、この世とは思えぬ立派で美しいものである。しかしどれだけ立派であっても、化土は化土であって、真実報土《ほうど》ではないのである」と。

まずは、ザクッと語句解説。

阿弥陀さまの浄土を「報土」といいます。「生きとし生けるものを、その迷いの中からすくいたい！」と誓ってくださった阿弥陀さまの願いに「報」いて開かれている浄「土」なので、「報土」。そしてこの「報土」には、「真実報土」と「方便化土」の二種類の浄土があります。「真実報土」は阿弥陀さまの願いによって迎え入れられる浄土です。それに対して「方便化土」は、そうはいっても努力して、自分の力でなんとかしないとダメじゃない？　と自分の力を頼りにしている人に、思い描かせている浄土のことです。

ちなみに「方便」とは、私たちを「真実」に近付けるための、阿弥陀さまの手だてです。自分の力を頼りにすることから離れることができない私たちを、真実の「報土」に導くために、仮に方便として形をとって現れているのが「化土」です。

「胎宮」は、阿弥陀さまの願いを疑う人たちがとどまるところです。

この御和讃のポイントは、阿弥陀さまの教えを聞いたつもり、知ったつもりになっているけれど、仏法に出遇えていませんよ、**あなたが「真実」だと思っているのは、「化土」ですよ**、との呼びかけです。ドキッとさせられます。

お釈迦さまのたとえ話にも、宝石でできた牢獄として登場する「七宝の獄」。これは、居心地がいい場所の象徴です。居心地がいいとは、ドキッとすることもなく、自分が正しいと、自分の思いの中にいる。つまり、仏法を聞いても自分の都合で聞いていて、教えに出遇えていない状態です。その中で一番の問題が、「七宝の獄にぞいりにける」。「獄に入っていますよ」、「自分の思いの中にいますよ」と呼びかけられているのに、そのことに気付いていないことです。
「胎宮」という言葉が、それを象徴的に表しています。胎児の宮と書きますから、これはお母さんの子宮を連想させます。その中にいる胎児は、お母さんの一番近くにいますが、見ることも、話すこともできません。まるで阿弥陀さまの浄土にいながら、阿弥陀さまの説法を聞いても、自分の都合で聞いていて教えに遇うことができない、方便化土のようです。

そして、物理的にも精神的にも、とても密接な人間関係の中でおこる痛ましいＤＶ。自分たちの関係の中にだけ閉じ籠り、これが愛なのだ、愛されているのだ。そう思い込んでいる姿は、人生をシェアする大切なパートナーと一緒にいながら、お互いを本当に見ず、本当に話すことができていない状態です。

では、どうしたらいいのでしょうか？
『正像末和讃』の最後に、こんな御和讃が詠まれています。

仏智《ぶっち》うたがうつみふかし
この心《しん》おもいしるならば
くゆるこころをむねとして
仏智の不思議をたのむべし

意訳

阿弥陀さまの「あなたを必ずすくう」という誓いを疑う罪は本当に深い
この疑う心の罪が深いことを知るならば
自分の力を拠り所として、迷いを超えていこうとしていたとの悔いの心を拠り所として
阿弥陀さまの誓いにおまかせしなさい

ここで詠われているのは、阿弥陀さまの誓いを疑う痛ましさです。痛ましいと感じることができるのは、疑っていたと気付いて初めて起こる感情です。疑っていたと気付くというのは、今まで違うもの、**真実でないものを拠り所にしていた**と気付くことでもあります。と同時に、自分の力を拠り所にしていたと悔いる思いが生まれます。その思いを忘れずに、阿弥陀さまの誓いにおまかせしなさい、ということです。かなりザックリと、言ってしまいましたが。

では、どうしたら疑っていたと気付くことができるのでしょうか？　最初に紹介した御和讃に「自力諸善のひとはみな」とあります。「自分の力を拠り所として迷いを超えていこうと思う人たち」のことです。これは他でもない、私自身のことです。自分の力を拠り所としているうちは、つまり、自分をアテにできるうちは、残念ながら気付くことは難しいです。しかし、自分をアテにできなくなったとき。努力しても、それが報われないとき。問題がおこり、自分では解決できないとき。つまり、人生がピンチのときです。そのときが、真実ではないものを拠り所としてい

たと気付くチャンスなのです。自分自身を真実ではないとは、なかなか思えないし、思いたくないことだと思います。けれども、その時々の都合に振り回される私は、やはり真実とはいえません。

話をＤＶ問題に戻すと、**愛だと思い込んでいるそれ、愛じゃないですよということです。そして、そのことに気付けるのは、悲しいかな二人の間がピンチになったときです。**うまくいってるうちは、気になっていても気付かないふりをしてしまいがちです。それとも全く気付いていない、アバタもエクボ状態です。

どんな理由があろうとも、愛情は暴力の言い訳にはなりません。まずは真実の愛ではないものを拠り所にしていると気付くことです。気付けば、仮の愛にしがみ付いていたと後悔するでしょう。その悔いる気持ちを忘れずに、大事にしてください。その気持ちが大きければ大きいほど、力となってくれるでしょう。痛ましい愛情を、真実の愛と思い込みそうになった時に。そしてもうひとつ大事なこと。**後悔した過去は、決して無駄ではありません。後悔はしても、否定することはないのです。**

7. 結婚はするべき？

@『高僧和讃』天親さん

困りますね。ほんと、困ります。**そもそも四十六歳独身の私に「結婚はするべき？」と聞きますか、普通。**少しは配慮というか、遠慮してください（笑）。と、言ってみましたが、どうでしょうか？　この結婚問題。するべきなのでしょうか。

数年前のことです。ある団体主催の講演会で、お話をさせていただく機会がありました。スタッフの方で、テキパキと動くだけでなく、配慮の行き届いた方がおられました。講演が終わり、その女性スタッフと私だけで控室にいたときのことです。その方が、こう仰ったのです。

「英月さんは結婚されていますか？」と。いいえと答えると、たたみかけるように「お子さんは？」と聞かれました。いないんですよ、と言い終わるか終わらないうちに、「ダメよ」、と。え？　いきなりのダメ出しですか？　ちょっとびっくり。

「どんなに講演が素晴らしくても、未婚で子供がいないのはダメ」。鳩が豆鉄砲を食ったようなというなら、あの時の私がまさに、そんな顔をしていたと思います。ただ、ただ、びっくりしました。他人を邪推することは恥ずかしいことです。けれども、この女性にとって、結婚して子供を産むことこそが自身の存在意義であり、女性の価値なのだと。そう感じられて、悲しくなってしまいました。

もちろん、結婚、出産は素晴らしいことです。だからこそ、「女性は結婚して、子供を産むべき」と、他人に強要するようなことではないのです。スタッフとして細やかな心遣いができる彼女に、あなたの存在意義は他にもたくさんあると気付いて欲しい。妻としての自分、母としての自分。どちらも素晴らしく立派なこと。けれども、夫や子供を拠り所とする自分だけでなく、それらの拠り所がなくても、私だといえると気付いて欲しい。そんなお節介なことを、つい思ってしまいました。

今、改めて思い返してみると、彼女は大真面目だったのだと思います。大真面目に、私によかれと思って言ってくださった。結婚も、子供を産むことも大事ですよ。そう、ご自身が大事にしていることを、私にも勧めてくださった。それはありがたく嬉しいことです。けれども、それは同時に危うくもあります。なぜなら、何かを大事にすると、別の何かを大事にしなくなるからです。

結婚や子供に重きを置いたこの場合、彼女の言葉を借りれば、「講演がどんなに素晴らしくてもダメ」なのです。言葉を変えれば、女は仕事ができてもダメということです。これが男性ではなく、女性の口から出たこと。しかもその講演会が、男女共同参画の現場だということも、私をちょっぴり悲しくさせた原因のひとつでした。

さて、『高僧和讃《こうそうわさん》』の中、天親さんを讃えた御和讃にこんな歌があります。

安養《あんにょう》浄土の荘厳《しょうごん》は
唯仏与仏《ゆいぶつよぶつ》の知見なり
究竟《くきょう》せること虚空《こくう》にして
広大にして辺際《へんざい》なし

意訳

阿弥陀さまのお浄土は、さまざまな荘厳をもって飾り立てられているが
その真実の世界は私たちの思いはからいを超えているので、ただ仏さまのみが知っています
また虚空が無限なように
お浄土は広くはてがないところであると、天親さんは『浄土論』で讃えておられます

当然のことですが、私たちは自分の価値観で物事をとらえ、そして考えます。すると必然的に、

端に追いやられるものが生まれてしまいます。結婚が大事だと自分の中心に置くと、結婚していない人はダメだと端に追いやられます。仕事が大事となると、仕事をしていない人はダメだと端に追いやってしまいます。「広大にして辺際なし」。広くてはてがないというのは、お浄土には端っこがないということです。誰でも、どんな状態でも、端に追いやられることがないということです。これは凄いことです。**なぜなら私たちは、意図的に、また無意識に、端をつくってしまうからです。**

「みんなで行こう」。よく口にするフレーズです。けれども、みんなって誰でしょう？ ある方が仰っていました。今度の週末はみんなでハイキングに行こうと家族で話していて、当日、車に乗ったら五歳の娘が「おばあちゃんは一緒に行かないの？」と聞いたというのです。おばあちゃんにはハイキングは無理だから、お留守番だと勝手に思い込んでいたのです。結局のところ、私たちがいう「みんなで行こう」は、「一緒に行動できる人みんな」であり、「私の好きな人みんな」なのです。家族の一員であるおばあちゃんでさえ、簡単に端っこに追いやってしまう。その根底にあるのは、自分の考え方や思いを握りしめるあり方です。

今回のことでいえば「結婚はするべき」と、その考え方を握り、中心に置く必要はなく、また反対に「結婚はしないべき」という思いを握りしめる必要もないのです。

真実の世界に端っこはないのに、こうあるべきと握り、こうでないのはダメと端っこを作っているのは、実は他でもない私自身なのです。そして実は、握っていることにも気付いていないのです。なぜならそれは、私たちの常識であり、アタリマエだからです。お浄土という私たちの思いはからいを超えた真実の世界を知ることで、**自分の考えを頑なに握っている自分に気付かされるのです**。それだけでなく、お浄土には端っこがないことを知ることで、**端っこを作っているのは他でもない自分自身だとも気付かされるのです**。

と、結論っぽい話をした後に、言葉を重ねるのもどうかと思いますが、改めて「結婚はするべき？」かモンダイ。これって、秋口によく交わされる、「もう、コート着ている人いた？」というやりとりに似ているのではないでしょうか。

十年近く海外に暮らして、日本に帰ってきて驚いたことのひとつが、この言葉でした。自分が寒いと感じたら着ればいいのに、どうして人に聞くのだろう？　私が暮らしていたサンフランシスコは、一年ではなく、一日の間に四季があり、衣替えもなく、夏服の上にジャケットという季節感がバラバラの恰好が普通でした。道を歩いていても、分厚いダウンジャケットを羽織っている人もいれば、Ｔシャツにサンダル履きの人もいました。**要は、自分はどう感じるのか**。

結婚もそうだと思うのです。社会的に、ある程度の年齢になれば、そろそろ結婚した方がいいという風潮はあります。けれども今、結婚の必要性を感じない、結婚したいけれど経済的に余裕がない等のさまざまな理由から、必ずしも「すべき」ことではなくなりつつあります。

コートを着た人が他にいるか聞かなくても、冬も深まり寒さも厳しくなると、人はコートを着ます。たとえ着るなといわれても、着ます。コートのデザインが好みに合わなくても、着ます。

また冬が終わって、今年はコートを着なかったということも、あるかもしれません。クローゼットから、わざわざ出すほどの寒さではなかった、そう感じることもあるのです。「コートは必ず着るべき」ではないのです。寒さが厳しくなるなどの周りの環境と、その時の自分の状況が合致したときに着るのです。

結婚もそうではないかなと思います。世間一般にいわれるところの適齢期には、私自身、いろいろなご縁の中でお見合いをたくさんしました。今さら、こんなことをいうのもはなはだ失礼なことですが、結婚したくなかった当時の私にとって、どんなに素敵な方が目の前に現れても、ブタに真珠、ネコに小判だったのです。それは真夏の炎天下に、素敵なコートを何十着も用意されて、好きなのを着てと言われるのと同じこと。周りの環境と、自分の状況がまったく合っていなかったのです。そして、このまま一生合わないかもしれません。ひょっとしたら何かの拍子に合ってしまい、この本が出版される頃には結婚しているかもしれません。と、書きながら「それは、ナイわー」と思っている私ですが、これればっかりはわかりません。

ただ一つ、わかること。それは、**「べき」として強要することではないということです。**他者から強要されることでもないですし、ましてや自分で自分に強要することでもありません。もっといえば、先ほどの私のように「それは、ナイわー」と、自分で自分を決めつける必要もないのです。

阿弥陀さまの真実の世界は広いのです。広大無辺です。広いというのは、はてがないということ。それは、**一人ももらさないということを広さでたとえているのです。**もらさないというのは、阿弥陀さまのすくいからもらさないということです。阿弥陀さまのすくいとは、生きとし生けるものをすくうということです。これは、結婚したい人にパートナーを見つけてあげましょう、そういった、あなたの都合を叶えましょう、ということではありません。もっと根本的なことです。結婚していても、いなくても。パートナーがいても、いなくても。離婚しても、まだしていなくても。どんな状態であっても。あなたが、あなたとして、あなたのいのちの中心にいる。いただいたあなたのいのちを、空しくないいのちだと全うして欲しい。もっといえば、「あなたのいのち、決して空しく終わらせませんよ」。これが、阿弥陀さまのすくいです。

大丈夫。自分で自分を「べき」の綱で、中心に縛り付ける必要はないのです。**そんなことをしなくても端っこがない世界ですから、どこにいても、どんな状態でも、あなたは、あなたのいのちの中心です。**

8. 不倫はダメ？

@『高僧和讃』曇鸞さん

不倫はダメか？　と聞かれれば、秒速でダメです！　と答えるのが、無難なのだと思います。世間では、「ゲス不倫」という言葉が跋扈《ばっこ》し、当事者だけでなく、容認する発言をした者までもが非難の対象。他でもない、聖職者である僧侶の身の私。ここは一刀両断で、ダメ！　と否定するのが、イメージ的にもいいのでしょう。って、何のイメージ？　ですが。

でもね。正直なところ、**そう簡単に否定できることではない**のです。

こんなことがありました。

女友達が、パーティーに行った時のことです。そこで男性と出会い、言葉を交わしました。ヨーロッパ出身のその男性は、広い会場でも目を引く存在だったそうです。ナイスルッキングな見掛けだけでなく、会話も楽しく、気がつくと、お開きの時間になっていました。すると、その男性は友人をヒョイと持ち上げ肩に担ぐと、周りがあっけにとられているのも気にせず、悠々と会場を後にしたのです。まるで映画のワンシーンのような、ドラマチックな出会いです。その後、間もなくして、ふたりは付き合い始めました。

実はその時、女友達には婚約者がいました。才色兼備な彼女を見初めた、いわゆる御曹司との結婚です。その結婚を、彼女は断りました。悩む様子もなく、アッサリと破談にしたのは、本当に大切なものを見付けたからだと。「ダイヤは価値があるわ。それは確かなこと。けれども砂漠では、ただの石に変わる。ダイヤという小さな石よりも、水の方がずっと価値があるの。でも、水の価値も永遠ではない。変わらないもの、普遍の価値があるもの。それに、出会ったの」。彼と付き合い始めた頃、気が置けない仲間で食事に行った時に彼女が言った言葉。二十年以上前のことですが、今でも覚えています。御曹司から贈られた、プラチナやダイヤのアクセサリーに代わり、新しい彼氏からのギフトだという銀の鎖をネックレスにしていたことも。

ふたりは、誰の目にも完璧なカップルでした。理想であり、憧れでした。彼は彼女を大切にし、彼女の周りの人たちも大切にしました。また彼女も、彼の友人たちとも親しく交際し、彼らと一緒に旅行に行くこともありました。彼の家族が日本に来た時には、一緒に食事をしたと嬉しそうに話してくれました。

しかし、彼は結婚していたのです。彼女と出会う、ずっと前に。日本人の奥さんがいたのです。別居中の気晴らしに出かけたパーティーで、たまたま彼女と出会ったのです。伝えなければいけない。彼女に本当のことを言わなければ。そう思っても、結婚している、その一言が言えずに、時を重ねたのです。

彼から事実を告げられた時の彼女の驚き、悲しみ、苦しみは、大変なものでした。何より痛ましかったのは、事実を知らされた後も、彼女は関係を続けたことです。「これだけの関係を築き、気持ちも深まって、今さら別れることなどできない」。そう言って涙を流す彼女に、あなたがしていることは不倫ですから、今すぐ別れなさい。そんな模範解答的な言葉をかけることなど、とてもできませんでした。それから数年間ふたりの関係は続き、そして別れました。

後日談ですが、別れて十年近く経った頃、彼から連絡があったそうです。離婚したから結婚しようと。

「環境が変われば、気持ちも変わるの。恋愛は普遍ではないわ。彼との恋愛は、もう終わったの。結婚なんて、ありえない」。そうサバサバと言い切る彼女の胸元には、自分で買ったというネックレスが輝いていました。


ところで、親鸞さんのお言葉を弟子の唯円《ゆいえん》さんがまとめたとされる、『歎異抄《たんにしょう》』という書物があり、その中に、こんなエピソードがあります。

ある日、親鸞さんが唯円さんに問いかけます。「唯円よ、あなたは私の言うことを信じますか」と。「はい、信じます。当然です」と答えると、「それでは、私の言うことには決して背かないですか」と、念押しされます。「絶対に、背きません！」と答えると、「**じゃあ、まず千人ほど殺してきて**」と言われます。

え？　いきなり人殺し？　しかも、千人！　驚く唯円さんに続けて言います。「それが出来たら、浄土へ往生できるよ」。なんと！　夢にまで見た浄土往生！　そのためには、勉強もする、厳しい修行だって頑張る、何でもする。でも……。人殺しは、ちょっとムリ。しかも千人なんて、体力、気力、技術的にも、どう考えても、ムリ。と、唯円さんが思ったかどうかは、わかりませんが、彼はこう答えます。

「他でもない聖人のお言葉でありますけれども、たとえ一人であっても、私の能力では殺せそうには思えません」。すると親鸞さんが、「では、どうして、私の言うことには決して背かないと言ったのか」と詰め寄ります。**唯円さん、ピンチ！**　と思ったところで、親鸞さんが言葉を続けられます。

「これで、わかるでしょう。なにごとも自分の思い通り、努力した通りになるのであれば、浄土に往生するために、千人殺さないとダメだと言われたら、すぐにでも殺すでしょう。けれども、人を殺すというような**業縁**《ごうえん》（二三八頁参照）がないと、たった一人でも殺すことはできないのです。それは、いい人だから殺さないのではないのです。また反対に、殺さないでおこうと思っていても、百人、千人と殺すこともあるのです」。

この言葉を受けて、唯円さんは文をこう結びます。「そう聖人が仰ったのは、私たちは、いい人は浄土往生ができて、悪い人は浄土往生ができないと思い、自分が善人だとか、悪人だとか、勝手に思い込んでいる。けれども浄土往生は、善人になって、努力して手に入れることではない。阿弥陀さまの生きとし生けるもの全てをすくうという広大な願いによって、私たちの勝手な判断で決めた善人、悪人という枠をも超えて、浄土に往生させていただく。という大事なことを、私たちは知らないと、教えてくださるためだった」と。

実はこのエピソード、びっくりするほど私の友人に起こったことと重なります。重なるポイントは、大きく二つ。

①　業縁によって、殺人なり、不倫なりが、行われる

②　善人だとか、悪人だとか、自分が勝手に思い込んでいる

まず①です。

人を殺す、殺さないということは、自分の意思や努力だけで成し遂げられることではなく、業縁によって決まると親鸞さんは仰います。不倫も同じです。私の友人は不倫をしようとして、ましてやパートナーを探そうと思って、パーティーに行ったのではないのです。それは、相手の男性も同じことです。たまたま、出会ってしまったのです。それは、「**縁**」です。そして、会話をした。波長が合った。会話を通して、相手の育った環境、そして考え方の一端に触れた。それによって、お互いが生まれ持った「業」が共鳴したのです。

現代の日本では、悪とされる不倫。その関係に陥ったふたりですが、そうなるために意思を持って出会ったのでも、努力したのでもありません。業縁によって成立した関係です。


次に②です。

では、そうして成立した不倫という関係は、悪なのでしょうか？　私の友人は、ゲス不倫だと罵られるべきなのでしょうか？

ふたりの関係を出会った当初から知っている友人の一人は、別れて十年後にプロポーズされたという話を聞いて、「これこそ真実の愛だわ」と泣いて感動していました。当の本人は、今のボーイフレンドに夢中だというのに。

ゲス不倫なのか？　真実の愛なのか？　というのは、まさしく、善人だ、悪人だと勝手に思い込んでいるのと同じです。恋愛に、ゲスも真実もないのです。あるのは、出会ったという事実。そこに、関係が築かれたという事実だけです。あえていうのなら、ゲスと思う下劣な私、真実の愛だと思う夢みる私がいるだけです。要は、他人の関係を邪推している私の問題なのです。では、そんな恥ずかしくも情けない私は、どのようないのちをいただいているのでしょうか。

七高僧を讃えた『高僧和讃《こうそうわさん》』。中国の曇鸞《どんらん》さんを詠った三十四首の中に、こんな御和讃があります。

罪障功徳《ざいしょうくどく》の体《たい》となる
こおりとみずのごとくにて
こおりおおきにみずおおし
さわりおおきに徳おおし

意訳

煩悩に振り回されてつくった罪の障《さわ》りも、仏さまからいただく功徳もひとつです
それはまるで、氷と水のようで
たくさんの氷が融ければ、たくさんの水ができるように
煩悩や罪の障りが多ければ、功徳もまた多いのです

私といういのちの器に入っているのは、氷にたとえられる煩悩や罪です。罪というのは、自分の意思や努力を超えて、業縁によって犯してしまうもの。他人の関係を邪推することも、そうです。そんな罪がいっぱい詰まった私でも、光にたとえられる阿弥陀さまのはたらきと出遇うと、氷が融けて水という違う性質のもの、功徳に変えられます。

それは、私というのちが生まれ持った「**業**」と、生きていくなかで出遇う「**縁**」。その業縁によって、いのちの器が氷で満たされたとしても、水に変わるということ。つまり、阿弥陀さまの教えのはたらきによって、煩悩や罪に満たされ迷った状態だったいのちが、そのままで、功徳に満たされ迷いを超えたいのちになる、ということです。**だとすると不倫も、いのちの障りにはならないということです。**

ここでの問題は、ただ一つ。「不倫はダメか？」と聞いたことです。それは、ダメだと思う気持ち、悪いという自覚があるからです。自分自身がそう思っているのなら、やめておけばいいのです。そして何より、他人にダメと言われてやめられるような恋愛は、時間と感情の無駄づかいです。

最後にもう一度、ですが。私は不倫を勧めてはいません。ここはハッキリしておかないとね。私にも、イメージがありますから。って、何のイメージ？　ですが。

コラム

浄土三部経とは——『浄土和讃』から

親鸞さん（一一七三～一二六三年）の和讃は「国宝本」（一二四八～一二五七年）、「顕智《けんち》写本」（一二九〇年）そして「文明本《ぶんめい》」（一四七三年）の三つが残されています。一般に読まれている『親鸞和讃集』（岩波文庫）は、蓮如さん（一四一五～一四九九年）が開版した「文明本」を基としています。その「文明本」によると『浄土和讃《じょうどわさん》』は次のような構成となっています。

①　巻頭讃　二首
②　讃阿弥陀仏偈和讃　四十八首
③　大経意　二十二首
④　観経意　九首
⑤　弥陀経意　五首
⑥　諸経意　九首
⑦　現世利益和讃　十五首
⑧　大勢至菩薩和讃　八首

①は『浄土和讃』だけでなく、この後につづく『高僧和讃《こうそうわさん》』『正像末和讃《しょうぞうまつわさん》』をも包み込む内容。一

首目は、念仏を申すところに信心をいただく、南無阿弥陀仏を称えることの大切さを詠った和讃。二首目は、ただ口にするだけでなく、念仏を通して本願に出遇うことの大切さを詠った和讃。

②は中国の曇鸞《どんらん》さんが著した『讃阿弥陀仏偈《さんあみだぶつげ》』を基にして作られたもので、阿弥陀さまや、阿弥陀さまの浄土を褒め称える和讃。

③・④・⑤は合わせて「浄土三部経」といわれる三つのお経さんの意《こころ》を詠った和讃。

⑥は『阿弥陀経』を異なる時代に異なる人が訳した異訳の経典『称讃浄土経』や、『法華経』『涅槃経』『華厳経』などを基にした和讃。阿弥陀さまのお名前がでてこないお経さんであっても、阿弥陀という真実の世界に導くための手立てだと受け止めます。これは次に続く⑦⑧にも共通していえます。

⑦は、鎮護国家のお経のひとつ『金光明経』や、『金光明最勝王経』などにより、生きる道が開かれるという、私たちが得られる現世《げんぜ》の利益《りやく》を詠った和讃。ちなみに「国宝本」に収められている『浄土和讃』はここまで。次の⑧と①の巻頭讃は含まれていません。

⑧は、密教系の経典『大仏頂如来密因修証了義諸菩薩万行首楞厳経《だいぶっちょうにょらいみついんしゅしょうりょうぎしょぼさつまんぎょうしゅりょうごんぎょう》』をもとに作られた和讃。

実はこの八首だけ、詠まれた時代が違います。他の『浄土和讃』は親鸞さんが七十六歳の時のものですが、⑧は八十五歳頃のものと考えられます。ちなみに親鸞さんは前年、八十四歳の時に息子の慈信《じしん》（善鸞《ぜんらん》）さんを義絶《ぎぜつ》しています。

和讃は、阿弥陀さまの智慧をあらわす勢至《せいし》菩薩を讃えたものです。『浄土和讃』を勢至菩薩で結び、次の『高僧和讃』も勢至菩薩が法然さんとなって現れてくださったと、親鸞さん自身が強く信じていた源空《げんくう》（法然）さんを讃える和讃で結びます。両方とも同じ勢至菩薩というのは、興味深いところです。

さて！　このコラムで注目したいのは③④⑤の基となっている「**浄土三部経**」です。これは親鸞さんの師の源空さんがその著書『選択本願《せんじゃくほんがん》念仏集』に記したことから、大事にされている三つのお経さん（『仏説《ぶっせつ》無量寿経《むりょうじゅきょう》』、『仏説観《ぶっせつかん》無量寿経《むりょうじゅきょう》』、『仏説《ぶっせつ》阿弥陀経《あみだきょう》』）です。お釈迦さまが説かれたお経さんは、「八万四千の法門」ともいわれるほど多いのです。これは伝えたかったことが、それだけたくさんあったということではなく、人々に合わせて説いた（「対機説法《たいきせっぽう》」二三九頁参照）結果、多くなったのです。なので、私たちが正しく迷いを超えていくことを明らかにしてくれたのは、この三つのお経さんですよ、ここにギュッと凝縮されていますよ。そう源空さんが示してくださったのです。では、その三つのお経さんを、ザックリとですが一緒に尋ねましょう。

『仏説無量寿経』（『大経』）

総天然色。大スペクタクル。ハリウッドでも未だかつてこのような壮大な物語が、映像となったことはない！　と言い切れるほどの圧倒的な迫力の内容。二巻に分かれています。

上巻は、法蔵《ほうぞう》さんが「生きとし生けるもの全てをすくいたい」と、四十八もの誓願《せいがん》をたて、それが成就して阿弥陀如来という仏になったという内容。阿弥陀さまの国土である、浄土の様子も語られます。それと並行して、長年、お釈迦さまと行動を共にし、「多聞《たもん》第一」といわれるほど説法を聞きながらも、お釈迦さまが本当に伝えたかったことに出遇うことができなかった阿難さん。彼が、お釈迦さまのお意《こころ》に出遇う感動のシーンも説かれます。阿難さんは私たちを象徴しています。それはまるで聞いたつもり、わかったつもりの私のようで、心がチクッと痛みます。

さて、上巻の主役が阿弥陀さまなら、下巻の主役は私たちです。この私をすくうために用意してくださった阿弥陀さまの浄土。それが絵に描いた餅にならないように、どうしたら浄土に往《い》くこと（往生）ができるのか？　往生によって私たちは、どのような利益《りやく》を得られるのか？　が説かれます。

仏教学者、安田理深《りじん》は、「上巻は如来のお仕事、下巻は衆生の責任」と言ったと聞きました。「生きとし生けるもの全てをすくう」道を完成するのは、如来である阿弥陀さまのお仕事。その道を歩むのは、私たち一人ひとりの責任だというのです。つまり、すくわれる道は完成しているハズなのに、どうして私はすくわれていないの？　なぜ？　という思いがでてくるかもしれません。阿弥陀さん、アカンやん。では、ないのです。すくわれないのは、こちら側に問題があるのです。キレイな道だと、眺めているだけではダメなのです。絵に描いた餅ではないのです。用意してくださった道を歩くかどうか、それは私たち一人ひとりの責任なのです。

『仏説観無量寿経』（『観経』）

無量寿仏ともいわれる阿弥陀さまと、その浄土を観察《かんざつ》することを説く経典とされてきましたが、お釈迦さまがこのお経さんで本当に説きたかったのは、観察方法ではない！　としたのが、中国の善導《ぜんどう》さん（六一三〜六八一年）です。このお経さんに登場する韋提希《いだいけ》さんという王妃が、深い悲しみと絶望のなかで自ら阿弥陀さまの浄土をえらんだことに注目し、浄土を願って生きる人がうまれたことを、お釈迦さまはこのお経さんで一番伝えたかったのだと明らかにしてくれました。そしてそれは、韋提希さん個人の出来事ではなく、誰にでも起こることだと、私たちに呼びかけるお経さんです。

ちなみに親鸞さんは、『**観**無量寿経』ではなく、『無量寿仏**観**経』という呼び方にこだわりました。前者は「私が観察する」とも受け取れますが、後者は「無量寿仏（阿弥陀さま）のはたらきによって観察する」という意味合いが強くなります。つまり「私がする！」ではなく、「無量寿仏がする！」なのです。どういうことかというと、観察が成り立つのは無量寿仏のはたらきによってであって、私が努力してすることではないのです。お経さんの呼び方の違いにより、根拠が私個人の努力から、無量寿仏のはたらきだと明確になるのです。それによって個人の努力によらず、無量寿仏によって、誰においても平等に成り立つすくいだということがハッキリするのです。

『仏説阿弥陀経』（『小経』）

阿弥陀さまと、その世界である浄土についての説法です。七宝《しっぽう》の池があり、池にはかぐわしい大輪の蓮が咲き、天には音楽、大地には黄金。華が雨のように降り、美しい鳥たちが奏でるように鳴きます。色、音、香り、光などが鮮やかに、そして豊かに説かれるお経さんです。

『大経』は阿難さんの問いを受けて、『観経』は韋提希さんに請われて説き始めたのに対し、『小経』はお釈迦さま自らが説いたものです。親鸞さんは著書『一念多念文意《いちねんたねんもんい》』で、「この経（『小経』）は『無問自説経《むもんじせつきょう》』ともうす」と書き、お釈迦さまが最も説きたかったことが表されていると受け止めます。それは何か？　阿弥陀さまの国を願って欲しいということです。お釈迦さまだけでなく、他の仏さまたちも褒め称え勧める阿弥陀さまの国。それが説かれているのが、このお経さんです。

と、これだけの内容が③では二十二首、④では九首、⑤では五首にまとめられています。お釈迦さまがそれぞれのお経さんで一番いいたかったこと。そのお意《こころ》が、和讃として詠み込まれているのです。

ハッキリいって、お経さんを読むのは大変です。全部、漢字だし。当時の一般の人たちが、お経さんを読めたとは、とても思えません。よしんば読めたとしても、どうでしょうか。阿難さんではないですが、文字として読むことはできても、そこに託されたお釈迦さまのお気持ちに出遇うことは本当に難しいことです。なぜなら自分の知識や経験をもとに、自分勝手に解釈してしまうからです。

そんな私たちは、和讃を通してお経さんを読む眼《まなこ》をいただくのです。お経さんの大事なポイントはこれだったのか、お釈迦さまのお意《こころ》はこうだったのか。お経さんの要《かなめ》に出遇わせていただくことができるのが『浄土和讃』です。オトクですね。

第二章
仕事編

1. 職場のツライ人間関係
@『高僧和讃』道綽さん

わかる！　わかる!!　わかる〜!!!　今すぐ、アナタとハグしたい（笑）。私自身、いろいろな職場で働いたことがあるので、本当によくわかります。**仕事をするだけでも大変なのに、そこに厄介な人間関係が加わると、まさに地獄。**正直な話、仕事は自分が頑張れば、ある程度は何とかなります。しかし、人間関係はそうはいきません。それだけでなく、仕事にまでも影響を及ぼしてきます。ほんと、困ります。めちゃくちゃ、困ります。

私が初めて社会に出て働いたのは十八歳、短大一年生の時です。仕事はテレビの報道番組で天気を伝える、お天気お姉さん。その他に、旅のレポートなどがありました。

働くということがどういうことなのかもわからず、ただガムシャラに仕事に向き合っていました。幸いなことに、人にも恵まれました。一緒に番組をお届けするキャスターの男性、アナウンサーの女性、時には厳しい言葉もいただきましたが、全てはいい番組をつくるため、ひいては私のため。報道局局長以下、番組に関わるスタッフの皆さんもそうでした。私がどんなミスをしても、ミスを指摘してくださるだけで、人格を否定されたことは、ただの一度もありませんでした。まさに、ミスを憎んで人を憎まず、です。

しかし、このような幸せな職場環境が続くほど、世の中、甘くはありません。短大卒業後に就職したのは、都市銀行の本店。ありがたいことに、ここでも人にも恵まれました。が、いかんせん、人が多い。同期、先輩、上司。個性的な方が多くおられました。そうですね、回りくどい言い方はやめましょう。苦手な方も、いました。きっと、その方たちにとっては、私が苦手だったのだと思います。

月初めは人事異動が発表になるので、月末になるとソワソワし、**どうか苦手なアノ人が転勤になりますようにと願ったものです。**あの上司がこの部署からいなくなれば、私のＯＬ生活は順風満帆。いつもイライラしているあの先輩がいなくなればハッピー。などとヒドイことを思ったものです。ある時、たまたま本当に辞令が出て、違う部署や支店に転勤になられることがありました。嬉しかったですね。これで私のＯＬ生活も安泰だと。心の中で万歳三唱。が、しかし……。そうは問屋が卸さない。転勤で出て行く人がいれば、来る人がいるのも世の常。そうして新しく来られた方が、さらに凄かった。これなら前の上司、先輩の方がマシだったと思っても後の祭り。**あんなに願ったことなのに、願わなければよかったと思う始末。**

そうなんです。苦手な上司や先輩が転勤さえすれば、快適な職場環境になると思い込んでいました。けれども、いざその人たちが転勤となり、一件落着！　と浮足立っても、現実は違うのです。もっと凄い方が来られたように、目先の問題が解決したと思っても、問題は次から次へと襲ってきます。なぜなら私が願っていたのは、自分の思い通りになることだったからです。つまり**私が振り回されていたのは、職場の人間関係ではなく、自分の都合に振り回されていただけなのです。**

では、どうしたらいいの？　私が変わればいいの？　私が優しくなり、寛容になれば、職場の人間関係はよくなるの？

残念ながら、なりません。そもそも自分を変えることなど出来ません。我慢をすることは出来ます。けれども我慢にも限度がありますし、そもそも根本的な解決方法とはいえません。

そんな身も蓋もない、と思いますよね。ハッキリ言いましょう。職場のツライ人間関係をなくして欲しいというのは、五百年生きたいといっているのと同じです。どういうことか？　モノの道理から外れている、ということです。そして、この外れているということに、私たちは気付いていないのです。

『仏説《ぶっせつ》無量寿経《むりょうじゅきょう》』というお経さんの冒頭部分に、こんな一文があります。

「如来、無蓋《むがい》の大悲《だいひ》をもって三界《さんがい》を矜哀《こうあい》したまう。世に出興《しゅっこう》したまう所以《ゆえ》は、道教《どうきょう》を光闡《こうせん》して、群萌《ぐんもう》を拯《すく》い恵むに真実の利をもってせんと欲《おぼ》してなり」。

ここでは仏さまがこの世にお出ましになられた理由が、述べられています。粗々とですが、訳してみますね。

「仏さまは大いなる慈悲によって、迷いの中に沈む人々を哀れんでおられます。仏さまがこの世にお出ましになられたのは、迷いを超える教えを明らかにして、そのような人々を拯《すく》い、真実の利益《りやく》を与えたいと願われたからです」。

ここで注目したいのが、「群萌」という言葉です。これは、生きとし生けるもの全てのこと。右のお経さんでは、仏さまにすくわれなければいけない対象を指します。もちろんその中には、私も含まれています。それらの人々を、群がるという意味のある「群」と、草の芽が出始める「萌」の二文字で表し、雑草が群がり生えているさまに例えています。

ところで、大行寺の小さな境内にも、雑草ちゃんはいます。こういう言い方はしたくないのですが、高価な杉苔はすぐダメになるのに、雑草は強いですね。どんどん、その勢力を伸ばします。

ですので、気がついた時には「ゴメンね」と言いながら、抜くようにしています。が、これが意外と難しい。雑草だけスッと抜きたいのに、スッといかない。細かいレース編みのように雑草が繋がっていて、五センチ先、十センチ先までズルズルと抜けていく。ついでに大事な杉苔まで、絡まって抜かれていく。

まさに先ほどの転勤騒動と同じです。苦手な上司や先輩だけ、まるでジャマな雑草を抜くように、部署からいなくなればいいと思う。けれども、「群萌」である私たちは、繋がっているのです。上司や先輩だけを抜き取って一件落着を決め込もうと思っても、繋がっているから、その転勤の余波が私のところまで襲ってくるのです。つまり、大好きな人も問答無用で転勤してしまうのです。

悲しいことですが、実はこの**繋がっているということが、真実なのです**。けれども、その真実から目をそらし、自分の思い通り、都合のいいようになってくれと願っている。ね、モノの道理から外れていますよね。って、他でもない私自身のことですが。

本師《ほんじ》道綽《どうしゃく》大師は
涅槃《ねはん》の広業《こうごう》さしおきて
本願他力をたのみつつ
五濁《ごじょく》の群生《ぐんじょう》すすめしむ

意訳

道綽さんは

『涅槃経《ねはんぎょう》』の講義という大きな仕事をやめ

阿弥陀さまの願いによって、迷いを超えさせていただく本願他力の教えを自ら拠り所とし

濁った世の中を生きる私たちに、阿弥陀さまの浄土をすすめてくださった

これは『高僧和讃《こうそうわさん》』の中の一首、中国の道綽さんを讃えた御和讃です。

ここで詠われる、「群」れて「生」きていると書く「群生」は、「群萠」と同じ意味です。

自分の都合を真実だと思い込み、モノの道理がわかっていない「群生」であり「群萠」である私たちをすくうのは、「本願他力」しかないと道綽さんが明らかにしてくれたと親鸞さんは詠われます。

これは、どういうことか？　優しい人のフリをしたり、寛容なフリは出来ても、根本から自分を変えることは出来ない、ということです。つまり、**私があがいたところで職場のツライ人間関係は変えられないということです。**残念ですが。

けれども、そのツライ人間関係。それは、たまたま今、自分にとって都合の悪い人と一緒だというだけです。**自分に落ち度も、ましてや相手に落ち度もありません。**たまたま、相手の人の都

合と自分の都合が合わないだけなのです。ここでいう都合というのは、仕事に対する姿勢であったり、電話の取り方、休憩時間の長さ等々、あらゆることです。「どうして、あんな電話の対応をするのだろう?」。坊主憎けりゃ袈裟まで憎いではないですが、一度ダメだと思うと、電話中の相槌から、受話器を置く音まで気に障るということがあります。それは、自分の電話対応のやり方、つまり自分が正しいと思うやり方、自分の都合と違うから腹が立つ。けれども、残念だけど、その苦手な人と自分のいのちは繋がっているのです。

繋がっている。その真実を知ること。そして、自分が振り回されているのは、人間関係ではなく自分の都合だと知ること。「あぁ、そうだったのか」とそれらの真実に気付き、頷かされることで必ず変わります。

変わるといっても、あなたにイジワルする人が、急に優しくなったりはしません。けれども、イジワル憎んで人を憎まず。**その人の都合と合わないだけなのだと、相手の背景に心が至ることで、私の思いが変えられます。**それによってあなたのツライ人間関係も、必ず変えられます。必ず。

2. クビになってしまった

＠『正像末和讃』

アメリカのレストランで、働いていた時のことです。その日はお客さんが少なく、広い店内は閑散としていました。**『ゴルゴ13』の主人公、デューク東郷を太らせたような、強面《こわもて》のマネージャーの表情も、いつにも増して険しく見えます。**黒いスーツに身を包み、店内を見回していた彼は、所在なげに立っていたサーバー（ウエイトレス）を見付けると、自分の顎を少し上げるように動かします。それに気付いた彼女と目が合うと、あろうことか自分の右手で自分の首を斬る仕草をしたのです。少し離れた場所にいた私は、びっくりしました。けれども当のサーバーは、首をすくめ、私に「帰るわ」と唇だけ動かして伝えると、更衣室に消えていきました。要は、マネージャーのしぐさは「もう帰れ」というジェスチャーだったのです。

アメリカのレストランのサーバーは日本のウエイトレスとは違い、時給ではなくチップが主な収入になります。時給はありますが、非常に安いのです。

さて、日本では馴染みのないチップですが、扱いは、レストランによってさまざま。一日のチップを集め、その日、働いた人たちで分ける方法。太ったデューク東郷がマネージャーをしていたお店は、もらったチップは個人で管理しました。管理するというのは、自分で配分するということです。実はもらったチップは、独り占めできません。同僚に「チップ・アウト」しなければならないのです。つまり仕事を手伝ってくれたお礼として、チップを払うのです。そのお店は、寿司バー（寿司カウンター）があったので、寿司シェフ（板さん）に自分がもらったチップの合計金額の二十パーセントを渡します。

ちなみに寿司シェフは、それをキッチンの他のスタッフたちと分けます。サーバーがチップを払うのは、寿司シェフだけではありません。受付に立ち、席まで案内してくれるホステスに五パーセント。フルバーがあったので、飲み物を作ってくれるバーテンダーには七パーセント。食器を下げ、テーブルセッティングを手伝ってくれるバスボーイに五パーセント。お店の前に立ち、時には店内を見回ってくれる、これまたデューク東郷のようなセキュリティのお兄さんたちにも、チップを払っていた記憶があります。

その金額、自己申告でしょ？　誤魔化せるんじゃない？　そう思われるかもしれません。確かに誤魔化すことは簡単です。けれどもそれをすると、次から助けてもらえません。チャレンジャーではなかった私は、真面目に払っていました。ある意味、真面目すぎました。ある時同僚が、ホステスには規定の倍以上のチップを払っているのを知って驚きました。そういうことをちゃんとしておくと、自分が担当するテーブルにいいお客さんを案内してもらえるのです。まさに、地獄の沙汰も金次第。

ささて、説明が長くなってしまいました。要はお客さんがいないと稼ぎにならないのです。なので、お客さんが少ないと思うと帰るのです。お店にとっては経費の節減。働く者にとっては、時間の無駄がありません。最初こそ首を斬るしぐさに驚いた私ですが、仕事にも慣れてくると、暇な時などは真似をして、帰りたいアピールをすることもありました。

それに対して、マネージャーにこれをされるのは、ほんとショックです。だって、今日の労働に関しては、クビということですから。結果は同じでも、経緯が違うと大違い。自分の意思で仕事を切り上げるのか、相手の意思で切り上げさせられるのか。精神的なダメージは、全く違います。でも、結果は同じなのです。

「クビになってしまった」。この一言に込められる、驚き、悲しみ、苦しみはさまざまです。え？　なぜ私が？　との思いもあるでしょう。そして何より、収入が途絶えます。そのことに対する不安もおこります。また反対に、お金の問題だけでもないのです。

経営者として頑張っている知人が、ふともらした言葉です。「お金がないのは辛抱できるが、仕事がないのは耐えられない」。経営者としての立場と、雇われる者では違うかもしれません。それでも仕事というのは、いのちを繋ぐために必要なお金を得るだけではなく、この私という人間に深く関わっているのです。なので、クビになるというのは、その私を否定された、そう受け止めてしまったとしても、不思議ではありません。何より相手に主導権があります。その絶対的な立場の者によって、ある意味、人生を打ち切られる。それを、不条理だと思うかもしれません。

そう思うと、**クビになるのは天災に遭うのと似ています。**時に予兆を伴って、また時には何の前触れもなく、襲い掛かってきます。それによって、収入が途絶えることもあります。なぜ私が？　と思います。なぜこんな目に遭わないといけないのか？　不条理だ……。

しかし一点だけ違うことがあります。天災は人をえらびません。人をえらんで行われるクビとは、大きく違います。そして、このえらばれてしまったという思いが、苦しみに輪をかけるのです。個人的なこととして、受け止めてしまうのです。もちろん、個人的なことなのですが、それはあなたという人間すべてではなく、一部にすぎないのです。つまりそれは、社会的な部分であって、あなたのいのちではないのです。

確かに人をえらんで、クビにするのでしょう。けれどもそれは、会社の都合であり、会社基準が、たまたまあなたの立場であったり、職種であったり、そういった社会的な個人と合致しただけのことなのです。なので、実は、人をえらんでいるわけではないのです。そう。だからクビは、天災に遭うようなものなのです。

では**親鸞さんは、天災をどう受け止めていたのでしょう？**　そこに何か、ヒントがあるかもしれません。

今も天候不順だといわれていますが、実は親鸞さんの時代も大変だったんです。親鸞さんのちょっと先輩、十八歳年上の鴨長明さんが書いた『方丈記』には、いくつかの天災が見られます。しかもハンパない天災、大災害が続きます。

安元の大火（一一七七年：親鸞さん五歳）では、京の都で数千人の死者が、治承四年（一一八〇年：親鸞さん八歳）には、大きな辻風が起こり、その翌年には、養和の飢饉（一一八一年：親鸞さん九歳）が起こります。春と夏の強烈な日照り、秋に襲った大風や洪水。穀物は実らず、食料の供給を地方に依存していた都は、地獄と化します。この飢饉によって亡くなった人は、四万二千三百人を超え、都には死体が溢れ、取り除く者もおらず、腐敗し、悪臭が満ち、馬や牛車が通ることさえも出来なかったと記されています。ちなみに、甲子園球場の座席数は四万七千五百八（阪神甲子園球場のサイトより）。いかに凄まじい飢饉だったかがわかります。

そしてその四年後、元暦二年（一一八五年：親鸞さん十三歳）、今度は大地震が起こります。壇ノ浦の戦いの四ヶ月後のことでした。

そうなんです。この時期、天災が相次ぎましたが、それだけではなかったのです。治承四年（一一八〇年：親鸞さん八歳）から元暦二年（一一八五年：親鸞さん十三歳）にかけての五年間、日本は治承・寿永の乱（源平合戦）という内乱状態でした。ほんと、大変な時代だったんですね。

　さてさて、親鸞さんと天災の関わりです。これは親鸞さんの奥さんといわれる恵信尼《えしんに》さんのお手紙を手掛かりに尋ねることができます。『恵信尼消息』として今に残るお手紙の中に、親鸞さんの死を知らせた娘の覚信尼《かくしんに》への返事と思われるものが三通あります。出された日は、いずれも弘長三年（一二六三年）二月十日。親鸞さんが亡くなられた三ヶ月後です。

　ここに興味深いことが、書かれているのです。それは親鸞さんが四十二歳と、五十九歳のときの二回、お経さんを読誦《どくじゅ》しようとしたというのです。お坊さんがお経さんをお勤めするのは、別に珍しくもありません。当たり前のことです。それをわざわざ書くのには、理由があります。

　まず四十二歳のときです。このときは「浄土三部経」を千回読誦しようとしたそうです。「三部経」とは、親鸞さんの師、法然さんが『選択本願念仏集《せんじゃくほんがんねんぶつしゅう》』で著した『仏説無量寿経《ぶっせつむりょうじゅきょう》』『仏説《ぶっせつ》観無量寿経《かんむりょうじゅきょう》』『仏説阿弥陀経《ぶっせつあみだきょう》』の三つ。つまり三つのお経さんを、千回読誦しようとしたというのです。ちなみに「三部経」を駆け足で二時間で読む方もおられますが、普通だと四時間は軽く超えます。仮に四時間として、千回で四千時間。一日二十四時間、不眠不休、食事ナシ、トイレ休憩ナシでも、百六十六日を超えます。え？　何のために、そんなことを？　というか、何があったの？　親鸞さん！　って、思いますよね。

　実は天災があったからなのです。親鸞さんが四十二歳の年は、建保二年（一二一四年）です。この年は大変な天候不順だったそうで、鎌倉の鶴岡八幡宮では雨乞いが行われたそうです。そして親鸞さんが五十九歳になった寛喜三年（一二三一年）は、前年から続く「寛喜の大飢饉」がありました。驚くことに、夏に雪が降ったとか。天候不順により作物は不作、日本中から食べ物が消え去り、餓死者が溢れたそうです。

そうなんです。無謀とも思える「三部経」を千回読誦するという行為の背景には、飢饉で苦しむ人々がいたのです。その人たちをたすけたい、との思い。これは私の推測ですが、飢えに苦しむ人たちからも「お坊さん、何とかしてください」という悲痛な叫びがあったのだと思います。『恵信尼消息』にも、「げにげにしく『三部経』を千部読みて、衆生利益《すぞうりやく》のためにとて、読みはじめてありし」と書かれています。「げにげにしく」とは「もっともらしく」ということです。つまり、衆生利益のため、人々をすくうために、もっともらしく「三部経」を読み始めたというのです。けれども読み始めてから四、五日で、読誦をやめます。

それから十七年後、またもや日本を巨大な飢饉が襲います。このとき、風邪で高熱を出して寝込んでいた親鸞さん、『仏説無量寿経』の一文字、一文字が、ハッキリと詳細に見えたというのです。親鸞さん自身、これは何事かと思われます。なぜなら大事なのは、お念仏ただひとつなのです。それ以外のことが、心をこのように占めるとはいったいなぜだと。そこで思い出されたのが、十七年前のことです。人々に乞われ、また自身も人々をすくいたいと思い、読み始めた「三部経」。

つまり四十二歳のときも、五十九歳のときも、目の前には天災で苦しむ人々がいたのです。なのに四十二歳のときは、お勤めを途中でやめます。なぜなのでしょうか？

『歎異抄《たんにしょう》』という書物があります。これは親鸞さんの言葉を聞きとどめた弟子の唯円《ゆいえん》さんが著したとされるもので、いうなれば親鸞語録集です。ここに、こんな言葉があります。「ただ念仏して、弥陀にたすけられまいらすべし」。これが法然さんを通して、親鸞さんが出遇われた教えです。その教えの大事なことが、ギュッとこのひとことに詰まっています。つまり私は、阿弥陀さまによってたすけてもらう自分、なのです。

当然のことかもしれませんが、自分が頑張れば何とかできると思っているうちは、阿弥陀さまを必要とも思わないし、お念仏もいらない。もっといえば、阿弥陀さまじゃなくて、誰のたすけも必要ありません。親鸞さんは教えを船にたとえますが、誰のたすけも必要ないという思いは、私は泳げるから大丈夫と、船に乗ることを拒むあり方です。それに対して、「ただ念仏して、弥陀にたすけられまいらすべし」は、あぁ、この私のために船を用意してくださっていたのだ、ありがたいと、船に乗るあり方です。

自分は船に乗せてもらわないと、向こう岸に渡れない人間だ。法然さんとの出遇いを通して、それがハッキリしたと思っていたのに、いつしか人々を背負いながら自分が泳いで向こう岸に渡してあげようと思っていた。たとえ人々から乞われたとしても、たすける側に立ってしまっていた。

天災に苦しむ人たちを前にして、「三部経」を千回読誦しよう。よかれと思って始めたこと、**そして何より人々が望んだことです。けれどもそれは、自分が出遇った教えとは、根本から違っ**

たのです。だから途中でやめたのです。

そのときのことが『恵信尼消息』には、こう書かれています。「人の執心《しゅうしん》、自力《じりき》の心《しん》は、よくよく思慮《しりょ》あるべしと思いなして後《のち》は、経読むことは止《とど》まりぬ」と。

「人の執心」とは、私ならできる！　というとらわれです。そして「自力の心」は、私の力で何とかしてやる！　という思いです。だからこそ「げにげにしく『三部経』を千部読みて」なのです。もっともらしく、お坊さんらしく、人々をすくってあげられるような体《てい》でお勤めしたと。

これは私の邪推ですが、めちゃくちゃ反省したと思いますよ親鸞さん。反省というより、ショックだったと思います。大袈裟じゃなく、自分自身に絶望したと思います。あ〜。全然、わかってへんやん、自分って、と。

なのに！　です。五十九歳で、またやった。鴨長明さんが『方丈記』に記した飢饉と同じように、壮絶な状況の中で人々がばったばったと亡くなっていく。僧侶として、何かできないか？　それが、ここでいう「人の執心、自力の心」です。たすけたい。その強い思いが、自分をたすける側の人間に押しやり、十七年前と同じように何度も読経をしている自分がいた。その自分自身の姿にハッと気付かされた。何事だと。そして改めて、自分自身、共にたすけられていかないといけない人間だった。そう知らされ、確かめられたのではないでしょうか。

ということで！　親鸞さんは、天災をどう受け止めたのか？　「**何もできない**」です。では天災に遭うことと似ているといった、クビ問題に対してはどう考えられるのか？　これも、「何もできない」です。

いやいや、そんな答えじゃ身も蓋もない。ほら、クビになっても裁判とか、どう？　覆せるんじゃない？　仕事に復帰できるかも、という思いもあるかもしれません。けれども、もし裁判をして仕事に戻れたとしても、クビになった事実は無くなりません。私たちは天災の前で無力なように、クビの前でも無力なのです。でも、これだけは忘れないでください。**クビになったとしても、あなたといういのちが否定されたのではないということ。**そう、自分を否定する必要はないのです。

そして、ついでのもう一言！　だからといって、クビになったことを開き直るのはもったいない！　天災であっても、それを機に見直すことは多くあります。**クビになったことを幸いとして、自分自身を見直すチャンスとしてください。**

ちなみに私は、例の太ったデューク東郷がマネージャーを務めるレストランで、「暇だから、帰らされるかも。でも今日は、一ドルでも稼いで帰りたい」というときは、途切れることなくテーブルを担当するようにしていました。たとえ一つでもテーブルを担当していると、帰らされることがなかったからです。ですので、帰りそうなお客さんがいたら、話しかけて時間を稼ぐとか、姑息な手段を使っていました。私なりに、見直した結果でございます。セコイ話でゴメンなさい。

さて、長々と話して参りましたが、これを簡潔に詠いあげている御和讃があります。最後にそれをご紹介して、「クビになってしまった」に対する、私の受け止めとさせていただきたいと思います。

聖道門《しょうどうもん》のひとはみな
自力の心をむねとして
他力不思議にいりぬれば
義なきを義とすと信知せり

意訳

自力によって迷いを超えていこうとする人々はみな
自分の思いはからいを拠り所としていたが
阿弥陀さまの本願の船に乗ってみると
阿弥陀さまの教えは、意味づけを超えているということが、本当の意味だということを、ハッキリと知らされました

「自力の心をむねとして」、これはまさに「人の執心」「自力の心」です。私ならできる！　というとらわれと、私の力で何とかしてやる！　という思いを拠り所にしたことを縁として、あぁ、そうじゃなかったと、親鸞さん自身、気付かれたように、努力しても、尽くしても、どうしようもできないことがある。そうハッキリと知らされること。そこから、開かれていく一歩が必ずあります。それは船に乗って進む、新しいいのちの始まりです。

3. 起業したい　＠『浄土和讃』

これ以上に、何を言うことがあろうかと思います。

「起業したい」と言われて、「ほな、おきばりやす」。

そもそも起業しようと思っている人が、このようなことを他人に聞くこと自体が問題です。起業したければ、黙ってとっとと始めればいいのです。何を求めて、他人に相談するのでしょうか。融資ですか？　銀行に行ってください。経営のことですか？　コンサルタントを雇うか、自分で勉強してください。僧侶に何を尋ねるのでしょう？　きっと、自信がないのでしょう。大丈夫！あなたなら出来るわ！　その一言が聞きたいのかもしれません。ゴメンなさい。私は、そんなに優しくありませんし、お会いしたこともない方に気休めを言うほど無責任でもありません。おまけに、タレントさんでもないので、世間の好感度を気にする必要もありません。ハッキリ言います。こんなこと聞いている内は、やめた方があなたのためです。

起業した人たちは異口同音に、「**気付いたらこうなっていた**」と言います。まぁ、これは私の周りにいる人たちで、しかも統計を取ったのは私なので、データはかなり偏っています。それでも自分の意思もさることながら、周りの縁によって運ばれたという側面も大きいことは事実です。

アメリカに住んでいた時、面白いことが起きました。まさに、縁に運ばれて、「気付いたらこうなっていた」ということが起こったのです。

始まりは、はまちちゃんです。のちほど「人生の章」に登場する、ウサギのはまち。彼女の死を通して、ペットを失う悲しみを知った私は、友人がネコを亡くした時にお葬式をしました。

正直それまでの私は、ペットの葬儀を快く思っていませんでした。動物なのに、そこまでする必要があるの？　そう思っていました。しかし、お葬式って誰のためにするのでしょうか。亡くなられた方にお浄土に往《い》って欲しい、そんな思いで勤めるのでしょうか。それもお葬式の大事な一面でしょう。でも、それだけでしょうか。そうではないと思います。大切な人を失い、深い悲しみの中にいる人。大切な人を失いながらも、自分はまだ、いただいたいのちがある。生きていかなければならない。一歩を踏み出さなければならない。その時に、残された人たちのために、お葬式は必要なのではないでしょうか。実際、目の前に嘆き悲しむ友人がいた時、私は彼女のために言いました。「よかったら、お葬式するけど」。

何気ない一言です。けれども、「お葬式するけど」。この一言が言えたのは、私が僧侶だからです。実は、僧籍だけは持っていたのです。正直な話をすると、アメリカで生きていくための手段として、僧侶になりました。

家出をしてアメリカに渡った私は、日本に帰ってくる気はサラサラありませんでした。そうすると問題になるのが、ビザといわれる在留資格です。最初は、比較的簡単に取得できる学生ビザで渡米しましたが、一生いるとなると、他のビザに変更する必要があります。いろいろ調べると、お坊さんビザ、正確には宗教者ビザというビザがありました。これは寺の娘にとってはハードルが低いのでは？　そんな安易な考えで、僧籍欲しさに日本に一時帰国し、本山で出家得度を受け、釈英月という法名をいただきました。

けれども、仏弟子にならせていただいたという感慨もなく、出家得度は私にとってアメリカで生きていくための手段に過ぎませんでした。ヒドい話です。お釈迦さまでさえ、自分の目的のために利用したのです。

さて、「お葬式するよ」と気安く言った私ですが、やり方がよくわかりませんでした。おまけに法衣もなければ、お経本もお念珠さえもありません。せめてもと、アパートメント近くの花屋さんでお花を買い、友人の家に向かいました。お恥ずかしながら、覚えているお経さんはありませんでした。けれども、短い偈文《げもん》の『三誓偈《さんせいげ》』（『重誓偈《じゅうせいげ》』）だけは、門前の小僧よろしく覚えていたので、それをお勤めをさせていただきました。

あったかいなぁ。お勤めをしながら思いました。悲しいけれど、あったかい。そして、ふと思ったのです。ひょっとしたら私は、このネコちゃんのお葬式をするために僧侶になったのかもと。

お葬式の後は、七日毎に友人の家に行ってお勤めをしました。実家の寺から、法衣、お経本、お念珠などを送ってもらいました。そうして四十九日までお勤めをすると、その後は毎月、ネコちゃんが亡くなった日にお参りに行きました。

なぜ四十九日で終わって、百ヶ日のお勤めをしなかったのか？　知らなかったのです。ちなみに同じ理由で、初月忌もお勤めしませんでした。それくらい、何も知らなかったのです。それでも、一周忌までお勤めしました。私の拙いお勤めが終わった時、友人がしみじみと言ってくれました。「すくわれた」と。

「毎月家に来て、お経さんをお勤めしてくれても、『正信偈《しょうしんげ》』のコピーをもらい、自分も一緒にお勤めしていても、正直、何をしているかわからない。意味もわからない。でも、すくわれた。本当に、癒された。こうしてお経さんを聞いてるだけでも癒されたから、お経さんを写す写経を始めたらどう？　きっと必要としている人たちがいるよ」。そう言ってくれたのです。

何でも安請け合いをする私は、「オッケー！」とノンキに引き受けてしまいました。が、この後が大変でした。けれどもこの話をすると、この本のタイトルが「アメリカで写経の会が始まるまで」になってしまうので、長い話を短くまとめます。大変だったのは大きく三点。

①　場所がない！
②　道具がない！
③　私が何も知らない！

特に大変だったのは、③でした。写経の会を始めようとしている私が、仏教のことを何も知らないのです。実は安請け合いをしたのには、理由がありました。実家の大行寺で、写経の会をしていたのです。その資料を送ってもらい、コピーして配ればいい。楽勝～♬と、お気楽に考えていたのです。

しかし手元に届いた資料を見て、呆然としました。意味が、全くわからないのです。たとえば、「南無阿弥陀仏」。もちろん、物心がつく前から「南無阿弥陀仏」と口にしていました。けれども、「英月さん、南無阿弥陀仏ってどういう意味ですか」、そう聞かれても、答えられない私がいたのです。

ヤバい！　自分がわかっていないものを、さもわかったような顔をして配ることは出来ない。そこからです。私のこととして、私に関わることとして、仏教と向き合うようになったのは。

そうしてサンフランシスコで写経の会が始まったのは、私がアメリカに渡って六年目のことでした。場所は、友人が経営するレストランを無償でお借りし、道具も何とか揃えることが出来ました。写すのは、親鸞さんが書かれた『正信偈』。内容を知らずに写すよりも、知った方が楽しいだろうと思い、内容を訳して解説した資料も作りました。けれども参加された方たちには、読んでも読まなくてもいいですよと言っていました。なぜなら、写経の会は、特定の宗教の集まりではなく、『正信偈』を手立てとして、自分と向き合う時間を過ごして欲しい。そう思って始めたからです。なので意識的に、宗教色も無くすようにしていました。おかげで会が始まると、いろいろな方が参加してくださいました。日本人だけでなく、日本語がわからないアメリカ人の方や、日本人でもキリスト教徒の方。年齢もさまざまでした。

なのに！　です。回を重ねる毎に、こんなことが起こったのです。

まるで掛軸のような、縦長の紙を持って来られた方がいました。そこに大きく書かれていたのは、「南無阿弥陀仏」の文字。字の上手な友達に書いてもらったから、これからはこれを正面に掛けましょう！　と。また、日本に帰った時に買って来ました！　と嬉しそうに、お念珠を見せてくださる方もおられました。少しずつですが、参加されている方たちが、変わって来られたのです。その中で私自身も、変えられていきました。

写経の会と、そこに来てくださる方たちの関係は、お寺とご門徒さんのようでした。会を通して、お寺って何だろう？　何のためにあるのだろう？　お寺にとって、ご門徒さんって何だろう？　今まで、当たり前すぎて考えてこなかったことが、問いになりました。

寺に生まれ育った私は、傲慢な言い方かもしれませんが、お寺はあって当たり前でした。そこに、ご門徒さんや、拝観に来られる方たちがおられる、そう思っていました。けれども違うのです。もちろんお寺によって、その成り立ちはさまざまですから一概には言えません。けれども、まず人なのです。人が集まり、コミュニティができる。一生懸命生きている中で、何を拠り所に生きていくのか。写経の会では、たまたま『正信偈』を使っていたので、親鸞さんが出遇われた教えがその拠り所となりました。けれども教えは、目にすることができません。形がないのです。その形がないものが、私たちにわかるように形を伴ったのが、仏像であり、お寺なのです。

写経の会は、友人が経営するレストランを会場としていました。その後、私が働いていた語学学校の教室に場所を移しましたが、借りている場所なので、その時にしか行くことができません。月に一度の会の時だけでなく、自分が必要な時に、目に見えない教えに出遇う場所としてのお寺、そのお寺が欲しいね。いつしか、そんな声が出てきたのです。ほんと、びっくりです。

まるで、お釈迦さまの掌《てのひら》の中で暴れる、孫悟空のようです。お見合いが嫌だとアメリカに家出をし、ビザ欲しさに手段として僧侶になり、僧籍があったからネコちゃんのお葬式をし、写経の会を始め、その会を通して、本当の意味での僧侶にならせていただき、おまけにお寺をつくることになるとは！　逃げたつもりが、逃げるどころか、首根っこを摑まれていたようです。

ところで、親鸞聖人が詠まれた『浄土和讃《じょうどわさん》』のなかに、『仏説阿弥陀経《ぶっせつあみだきょう》』というお経さんを讃える御和讃があります。阿弥陀さまのはたらきが詠われているのですが、そこに「摂取《せっしゅ》」という言葉が出てきます。親鸞さんは、この言葉に左訓《さくん》と呼ばれる語句説明を書いています。その内容が、おもしろいのです。

「摂はものの逃ぐるを追わえとるなり」（原文はすべて片仮名）。逃げる者を追いかけて、首根っこを摑まえる。これが阿弥陀さまのはたらきですと、親鸞さんは仰るのです。逃げるというのは、阿弥陀さまに背を向けている状態です。では、どちらを向いているかといえば、自分の都合です。まさに私です。自分に都合の悪いお見合いから逃げて、アメリカへ。都合がいいから出家して、と。**自分に都合のいいものを追いかけていたハズが、「ものの逃ぐるを追わえとるなり」の阿弥陀さまに、ガッツリと摑まれていたとは……。**

さてさて、アメリカでお寺をつくることになった私。必要な資格を得るため、日本に一時帰国をして、本山で研修を受け、アメリカでは弁護士さんにお金を払い、手続きを始める準備をしていました。が、しかし、実家の寺の事情で、京都に帰ってくることになってしまいました。残念ながらお寺はつくれていませんが、写経の会は今もサンフランシスコで続いています。と言いましたが、昨年の九月十一日の会を最後にお休みとなりました。

私が日本に帰国したのが、二〇一〇年八月十五日。その翌月から、会場を見付け、小さなお仏壇も用意して、毎月、続けてくださっていた写経の会。私も毎月新しい資料を作り、送っていましたが、送った資料の印刷や、会場の準備など、七年もの間、幹事さんを務めてくださった方たちのご苦労は、いかばかりだったかと思います。会をやめると聞いた時は、正直ショックでした。淋しいな、そんな思いもありました。けれども、その気持ちを覆いつくすほどの感謝の気持ちで、私はありがとうとしか言えませんでした。

ところがです！　なんと、今まで会に参加してくださっていた方たちが、私が幹事として手伝うから続けて、と仰ってくださったのです。それは一人だけでなく、何人もの方たちでした。そうして今年の二月五日、新しい場所で、写経の会が始まりました。そう、会はまだ続いているのです。私が続けたいと思っても、続けられるものでもなく。やめることになっても、続いていく。私の思いを超えて、ご縁をいただいた人たちによって続いていく。しみじみと、嬉しいなと思います。

さて、最初の問いに戻りましょう。「起業したい」という問いです。当然ながら、写経の会はビジネスではありませんし、お寺をつくるというのは、起業ではありません。けれども共通することは、あるのではないでしょうか。

起業した人たちが異口同音に言った、「気付いたらこうなっていた」。私も、まさにそうです。お寺をつくりたくて、出家得度したのではないのです。それが周りの環境、出会った人たちによって、僧侶たらしめられ、アメリカでお寺をつくることになった。残念ながらお寺はつくれていませんが、写経の会があったからこそ、お寺を問い直し、お寺とご門徒さんの関係を問い直し、日本に帰ってくるという決断ができました。「もし」という仮定では話せませんが、アメリカに家出をしていなかったら、ずっと日本にいたままだったら、寺を継ぐ人間がいなくなった時、自分が継ぐという決断をしたとは思えません。

十方微塵《じっぽうみじん》世界の
念仏の衆生《しゅじょう》をみそなわし
摂取してすてざれば
阿弥陀となづけたてまつる

意訳

阿弥陀さまは、ありとあらゆる世界の
念仏する生きとし生けるもの全てを照らし
たとえ逃げても追いかけ捕まえ、決して見捨てない
そのはたらきを、阿弥陀と申しあげる

先ほど紹介した「摂取」という言葉が詠まれている御和讃です。背を向け、逃げる者でさえ、決して見捨てないのが阿弥陀さまです。阿弥陀という仏がいて、見捨てないというはたらきをするのではありません。「摂取してすてざれば」なのです。「摂取」して決して見捨てないはたらきを、阿弥陀というのです。って、ややこしいですね。つまり、**阿弥陀さまがいて、そのスペックのひとつとして、見捨てないという機能があるという意味ではないのです。見捨てないから、阿弥陀さまというのです。**これは大きな違いです。と同時に、力強い安心感を覚えます。仮にあなたが起業して、たとえ失敗したとしても、大丈夫だというのです。あなたの思う通り、都合のいい結果にならなくても、大丈夫なのです。なぜなら、絶対にあなたのことを見捨てない存在があるからです。銀行があなたを見捨て、仲間があなたを見捨て、もしかしたら家族さえも、そして自分自身さえも見捨てたとしてもです。あなたのところまで追いかけて来て、寄り添ってくださるのです。そのはたらきを、阿弥陀さまというのです。

見捨てないというのは、ビジネスを成功させるといった、目先の小さなすくいではありません。あなたが、あなたとして、あなたのいのちを全うできるという根源的なすくいです。

お寺をつくるのは起業ではありませんが、アメリカでお寺はつくれませんでした。それだけでなく、自分の意に反して京都に帰ってきました。ある意味、起業に失敗しただけでなく、人生が根こそぎ、自分の思う通りにならず、都合の悪い結果になってしまった私です。でも、だからといって、私のいのちが否定されたわけではないのです。どこにいても、何をしていても、この私を追いかけてまで見捨てない阿弥陀さまがいてくださるのです。その真実は、大きな安心を与えてくれます。

最後に一言。自信がないならやめておけと言った私ですが、**実は自信がないのは強みです。**いわれのない自信で浮かれていると、足許をすくわれます。自信がないのも、結構。起業をするのも、結構。ほな、おきばりやす、です。

4. もしかして、ブラック企業？

@『正像末和讃』道綽さん

「二十四時間戦えますか」というキャッチコピーと共に画面に映し出されるのは、商談で世界を駆けまわる「ジャパニーズ・ビジネスマン」。今から三十年も前に一世を風靡した、エナジードリンクのテレビCMです。アップテンポの歌に鼓舞され、頑張ろう！　そう思った方も多いのではないでしょうか。

当時、高校生だった私は、カッコイイなぁ、オトナの人たちはこうしてバリバリ働くものなんだ、と思ったものです。それが、どうでしょう。**今、こんなことを言おうものなら、まさにブラック！**　裁判沙汰です。

羨望の眼で見られていた素敵なビジネスマンは、たった三十年でブラック企業のいわゆる社畜、哀れな人になりました。時代が変わったといえば、それまで。けれども時代の流れに流されて、人の価値観はこうも簡単に変わってしまうものなのですね。

十年近く海外で暮らし、日本に帰ってくると、驚くことのひとつに食べ物があります。正確には、食べ物に流行があることです。個人の嗜好が顕著に表れる食に対してさえ、流行がある。世間の価値観で私の味覚を誘導しないで！　と思います。味覚でさえ、時代の波に簡単に翻弄されるのですから、私たちの労働に対する意識など朝飯前。簡単に、あっちに流され、こっちに流されです。だから昔はカッコイイとされた働き方が、訴えられて当然、つまり犯罪になってしまうのです。

これは働き方や食べ物に関してだけではありません。ほんの数十年、数年前までは当たり前だったことが、今はダメになる。また、その反対もあります。なぜ、そのようなことが起こるのでしょう？　それは、**時代によって形作られた価値観を、真実だと握る**からです。時代に踊らされたと表現されることもあります。けれども実は、踊らされていることにも気付いていないのです。痛ましいなぁと思います。もちろん、私もその痛ましい人の一人です。

その痛ましい私が生きているこの世間について、お釈迦さまは『仏説阿弥陀経《ぶっせつあみだきょう》』というお経さんで、「**五濁悪世**《ごじょくあくせ》」だと仰っています。五つもの濁りがあるひどい世の中、という意味です。それを受けて親鸞さんは、その時代を「五濁悪時《あくじ》」と『正信偈《しょうしんげ》』に記されます。「五濁悪世」に「五濁悪時」。「五濁」「五濁」と連呼され、なんだかヒドイ言われようですね。

では、「五濁」って何でしょう？　これは末法《まっぽう》の世において、人々が直面しなければならない五種類の濁りだといわれます。末法については、後でお話ししますが、まずは「五濁」。これは、**「劫濁《こうじょく》」「見濁《けんじょく》」「煩悩濁《ぼんのうじょく》」「衆生濁《しゅじょうじょく》」「命濁《みょうじょく》」**の五つです。では、ザクッと説明。

「劫」には時代という意味があることから、「劫濁」とは時代の汚れのことで、飢饉や戦争が起こるなど、時代そのものが汚れる状態をいいます。

次に「見濁」です。「見」には見解という意味があります。つまり人々の考え方や思想が、汚れるということです。その汚れた考え方や思想が、常識となってしまう状態をいいます。

「煩悩濁」は煩悩による汚れです。煩悩とは、「三毒《さんどく》」ともいわれる、「貪《とん》」「瞋《じん》」「痴《ち》」。もっともっとと、貪《むさぼ》る「貪」。手に入らない、思い通りにいかないと、怒《いか》る「瞋」。そして「貪」や「瞋」の根本にある「痴」、おろかさです。これらの煩悩が、常識となってしまう状態をいいます。

「衆生濁」の「衆生」とは私たちのことです。私たちが汚れるということは、私たちのあり方そのものが、心身ともに汚れた状態だということです。

そして「命濁」。これは本来、寿命が短くなると解釈されてきた言葉です。けれども時間的な長短ではなく、命の重さと受け止めたいと思います。つまり命が軽んじられること、いのちの意義を見失うこと、いのちのありがたさを受け取れない状態のことです。

『仏説阿弥陀経』にはそのまま「五濁悪世、劫濁、見濁、煩悩濁、衆生濁、命濁」という一節があります。お経さんはお釈迦さまの説法の記録ですが、どうです？　二千五百年前のお釈迦さまに、言い当てられた！　って、思いませんか？　この「五濁」は今の私たちに、いえ、私自身に当てはまると、ドキッとしました。

では、**末法**とは何でしょう？　私たちがこの「五濁」という五種類の濁りに直面しなければならないのは、末法の世だから。とすると、この末法がキーポイントになります。今が末法じゃなければ、「五濁」に直面することもなく、私自身、濁ることもなかったのです。さては、諸悪の根源は末法か？

実はこの末法問題、仏教においてめちゃくちゃ重要な問題なのです。まず末法という言葉ですが、これは「正法《しょうぼう》」「像法《ぞうぼう》」「末法」と時代を三区分した内のひとつです。何を基準に分けたかというと、お釈迦さまの「教《きょう》」です。教えとは、迷いを超えていく道です。

教えによって証《さと》るという結果、つまり「証《あかし》」を得ることをゴールとした場合、それを得るためには「行《ぎょう》」、つまり修行が必要です。**「教」という教えがあり、「行」という修行を修めることにより、「証《あかし》」としての「証《さとり》」を得る。**「教」「行」「証」の三つが揃って、仏道が完成するのです。

では、教えによって三つに分けられた時代と、この「教」「行」「証」が、どう関わるのか？

まず「正法」は、お釈迦さまの滅後、もしくは、お釈迦さまが生きておられた時代も含めた五百年をいいます。この時代は、「教」も「行」も、そして「証」も成り立ちます。

その次の時代である「像法」は一千年。「像《かたち》」という字が表すように、像ばかりの「教」が伝わるだけなので、「行」も像だけのものになってしまい、正しく伝わらないというのです。なので、「証」が起こるはずがないといいます。まぁ、言われてみれば、ごもっとも。

そして、その次にやってくる時代が「末法」、これは一万年です。お釈迦さまが亡くなられて千五百年以上も経ってしまうと、「教」も辛うじて伝わっている状態なので、正しい「行」が成り立つはずもなく、当然「証」が得られるはずもありません。つまり私たちがどんなに努力して、誠心誠意「行」を尽くしたとしても、それは真実の「行」たり得ないのです。もちろん私たちの「行」が成り立たない以上、「証」である証りも得られないのです。

え？　アカンの？　末法になったら私がどんなに頑張っても、アカンの？　それ、ほんとに困るんですけど。と、二十一世紀を生きる私でさえ思うのですから、このことが説かれた『大集《だいじっ》経《きょう》月蔵分《がつぞうぶん》』というお経さんが、インドから中国に伝わった五六六年、中国仏教界はパニックに陥りました。って、私の勝手な想像ですが。でも、少なくとも、危機感は感じたと思います。ヤバい！　どんなに頑張っても証りが得られない末法がやってくる！　というか、今、もう末法に入ってる！　お釈迦さまが説かれたお経さんに、そう書いてある、ピンチだ！　って。

またタイミングが悪いことにこの頃、中国では皇帝、北周《ほくしゅう》の武帝《ぶてい》さんが、仏教に弾圧を加えました。五七四年のことです。寺を焼き、仏像、経典をも焼き、多くの僧侶が殺されました。また、殺されずとも、強制的に還俗させられた僧侶も多くいました。これによって仏教は壊滅状態に。まさに教えが成り立たなくなる末法の世になった。お経さんに説かれているようになると、人々が危機感を覚えたとしてもおかしくありません。

ちなみにこのときに、還俗させられた僧侶の一人が道綽《どうしゃく》（五六二〜六四五）さんです。道綽さんが生まれたのは、末法に入って十一年目だったといわれています。末法突入、仏法が衰退していくことを身をもって、まさに骨身にしみて感じられたと思います。**自分の力で迷いを超えていくとか、修行して証りを得るとか、もう不可能！**と。

親鸞さんは『正信偈』で、「道綽決聖道難証《どうしゃくけっしょうどうなんしょう》　唯明浄土《ゆいみょうじょうど》可《か》通入《つうにゅう》」と著します。「道綽、聖道の証しがたきを決して、ただ浄土の通入すべきことを明かす」。道綽さんは、末法のこの時代では、自分の力を拠り所として修行し、証りを得ることは成り立たないことを明らかにしてくれました。そして、**阿弥陀さまの生きとし生けるものを必ずすくう！　という願いによってすくわれていく、浄土の教えこそが私たちが迷いを超えていくことのできる道だと明らかにしてくれました。**これは親鸞さんによる道綽さんの受けとめであり、末法の世を生きる親鸞さん自身にとって成り立つ仏道の受け止めでもありました。

同じく『正信偈』に「五濁悪《ごじょくあく》時《じ》群生海《ぐんじょうかい》　応信如来如実言《おうしんにょらいにょじつごん》」という一節があります。親鸞さんは、「五濁の悪時という末法の世を生きる私たちは、ありのままの事実である如実を説いてくださったお釈迦さまのお言葉を信じるほかない」と言います。お釈迦さまが如実を説いたお言葉とは、『仏説無量寿経《ぶっせつむりょうじゅきょう》』です。生きとし生けるもの、その全てをすくう！　そうでないと僕は仏さまにならない！　と願い誓ってくれた法蔵さんが、後に阿弥陀如来という仏になることで成就した願い。根本の願いであり、私たちがすくわれる根拠となる本願《ほんがん》について説かれているお経さんです。

そして、このことは『正像末和讃《しょうぞうまつわさん》』にも詠われています。

末法《まっぽう》第五の五百年
この世の一切有情《うじょう》の
如来の悲願を信ぜずは
出離《しゅつり》その期《ご》はなかるべし

意訳

今の時は末法で、第五の五百年にあたっている
この時に生まれあわせたものは、一切
阿弥陀さまの、必ずすくう！　という願いを信じるほか
断じて迷いを超える道はない

これは、道綽さんが書いた『安楽集』（上巻）の「当今《とうこん》は末法にして、現に是れ五濁悪世なり。唯《た》だ浄土の一門有りて、通入《つうにゅう》すべき路《みち》なり」を基として詠まれています。

時代によって生み出される流行や価値観を拠り所にすることは、結局、その時々で一喜一憂し、時代に流され、結果、時代に汚れる「五濁」なあり方ですよ。そんな私たちは、阿弥陀さまの本願を拠り所にして生きる他ないですよ、ということです。

まさに冒頭でお話ししていた、「二十四時間戦えますか」がカッコイイ！　のか、訴えなきゃ！　なのか、時代によって簡単に変わってしまうことと重なります。

わかった。それは、よくわかった。ブラック企業かどうかは、時代の価値観によって変わるということ、それに振り回されているのが、時代に汚れる痛ましいあり方というのも、よくわかった。それでも、あえて聞きたい。**「もしかして、ブラック企業？」と心配している私は、どうしたらいいの？**

そうですよね。答えになるかわかりませんが、こんなことがありました。

アメリカではテレビCM出演を始め、ラジオパーソナリティ、ホテルのフロント、語学学校の受付、レストラン等々、いろいろな仕事をしました。その中で、ぶっちぎりのブラック企業がありました。企業というより、お店です。今はもうないのですが、サンフランシスコのダウンタウン、目抜き通りに面している大きなカフェでした。経営者はカンボジア人のご夫婦。なぜだか知りませんが、私に仕事を紹介しなければ！　という使命感に燃えた、カンボジア人の友人に紹介されたこのお店は、笑ってしまうようなブラックさでした。

朝から午後七時過ぎまで働いても、休憩ナシ、賄いナシ。カフェでしたから、目の前には、ケーキやペーストリーが溢れ、まるで食べ物に埋もれるようにして仕事をしているのに、空腹でふらふら。実はオーナーの奥さんはポルポト政権下のカンボジアで、収容所生活を余儀なくされたことから、アメリカに亡命した後も、その影響が色濃く残っていました。つまり、自分がされたように、従業員に接するのです。たとえば、空腹を訴える私には、収容所ではネズミを捕まえて食べることができたら幸せだったと応えるように。一事が万事その調子で別次元の価値観を振りかざす彼女には、酷使されても、それに対して何かを言う気力は失せてしまいました。

それでも働き続けたのは、現金収入が必要だったからです。辞めたいとも、辞めようとも思いませんでした。働けることが、ありがたかったのです。

このカフェは、誰が見ても、聞いても、ブラックです。働いていた私自身も、今となってはそう思います。けれども当時の私にとっては、ありがたい職場だったのです。

またその反対も、あると思います。全てが満たされていて、他人からは羨望の職場であったとしても、自分にとっては違うということもあるでしょう。**要は自分にとって、どうなのか。**流行語のようになった言葉に流され、安易にブラック企業だと決めつけ、自分で自分の可能性を閉じてしまうのはもったいないように思います。だからといって、自分を追い詰めて働くのも、どうかと思います。

極論ですが、どんなに熟考したところで、五濁悪時を生きる私たちの中からは、自分の都合基準のものしか出てきません。悲しいかな私たちの中からは、ありのままの事実である如実、真実は出てこないのです。

なので、突き放したような言い方になりますが、何をえらんでも一緒です。この会社はブラック企業だから辞めよう。なんなら、訴えよう。いやいや、ブラック企業だけど得ることも多い、この会社で頑張ってみよう。どれをえらんでも、一緒なのです。なぜなら、どれにも真実はないからです。ということは、えらび損ねて真実を捨ててしまったのではないか？　つまり、判断ミスをしたのではないか？　と危惧する必要もないのです。真実はないと知ることで、生まれてくる安心もあります。**正々堂々、その時の都合、気分でえらんでいいのではないでしょうか。**

ちなみに私は今、あのカフェでは働こうとは思いません。思い出しただけでもツライ空腹がよみがえってくるからです。といいましたが、楽しいことも多かったので、一ヶ月に一回くらいなら働きたいな、という気持ちもあります。どちらにしても、笑ってしまうようなブラックさでしたが、私にとっては大切な職場の思い出です。

5. やりたい仕事が見つからない

@『高僧和讃』源空（法然）さん

「今日は絶対に、ハンバーグの気分！」とか、「インドのカレーが食べたい！」と決まっているときはラクですが、お腹は減っているけど、何が食べたいのかわからない。そういうときは、本当に困ります。とりあえずお店に入ってみたものの、メニューを見てもえらべない。何を食べるか？　そんなことでも迷うのに、仕事となればなおさらです。

その仕事も、したいことが決まっていればラクです。方向が定まれば、あとはそこに向かって進めばいいだけだからです。問題は、やりたい仕事が見つからないとき。これは困ります。そもそも、何を基準にえらべばいいのかわからない。仕事内容？　通勤？　給料？　福利厚生？　ほんと、悩みます。

実はコレ、仏道を歩むことに似ているなと思います。すごくザックリとした言い方ですが、ゴールとなる証《さと》りを目指すのに、どうしたらいいのかわからない。何を基準にして、証りに到達する方法をえらべばいいの？　ね、似ていますよね。どこに向かえばいいのか、どのようにして向かえばいいのか、「どこへ？　どうやって？」問題です。

　では親鸞さんをはじめ仏道を歩んだ先輩たちは、一体どうやって進むべき方向、そして到達する方法を見つけだしたのでしょうか？　そこに「やりたい仕事が見つからない」に対する、ヒントがあるかもしれません。

　まずは親鸞さんです。九歳で出家得度、比叡山で学びます。その後、親鸞さんの奥さんといわれる恵信尼《えしんに》さんの手紙にあるように、比叡山を出て、六角堂に百日参籠します。つまり比叡山での学びは、親鸞さんにとって「どこへ？　どうやって？」問題の解決とはならなかったのです。比叡山は当時、日本の最高学府で、素晴らしい教えがありました。真《まこと》の教えです。けれども、その教えが我が身に成り立つのか？　実現するのか？　となると、これが難しい。

　仮に、「証りすごろく」なるものがあったとしましょう。勉学に勤《いそ》しみ、厳しい修行を行い、すごろくの駒を進めていきます。自分が他の人たちより進んだら、「俺、イケてる」と思うでしょう。反対に、他の人が出来ることが自分は出来なかったら、「俺、アカン」と思うのではないでしょうか？　人と比べて自慢したり、卑下したり。そんな気持ちが出た瞬間に、〝ふりだし〟に戻るのです。自分ではコントロールしきれない感情が、むくむくと顔を出し、せっかくの「真」の教えが我が身に「実」現しないのです。つまり比叡山には「真」の教えはあっても、「真実」の教えがなかったのです。だから親鸞さんは山を出たのです。そして、源空《げんくう》（法然）さんと出遇います。

　そのときのことを親鸞さん自身が、著書『教行信証《きょうぎょうしんしょう》』に、こう記しています。「しかるに愚《ぐ》禿釈《とくしゃく》の鸞《らん》、建仁辛《けんにんかのと》の酉《とり》の暦《れき》、雑行《ぞうぎょう》を棄《す》てて本願に帰す」。建仁辛の酉とは、一二〇一年、親鸞さん二十九歳の時です。そのときに、雑行ではたすからない私だとハッキリとしただけでなく、雑行は証りを得られる行ではないということがハッキリし、阿弥陀さまの本願を拠り所とするいのちが始まった、というのです。つまり「どこへ？　どうやって？」問題が解決したのです。

　では、どのようにして解決したのでしょうか。その手掛かりが、親鸞さんの弟子の唯円《ゆいえん》さんが書いたとされる『歎異抄《たんにしょう》』に、二つのキーワードとして記されています。それはⒶ「仏になるべかりける身」と、Ⓑ「いずれの行もおよびがたき身」です。

　おこがましくも訳すと、「仏になることができる我が身」（Ⓐ）と、「自分ではコントロールできない感情が、むくむくと顔を出す我が身だと気付かされた自分」（Ⓑ）という意味になるかと思います。つまり、自分が努力すれば、仏への階段を上れると思っていた（Ⓐ）けれども、「証りすごろく」であっけなく〝ふりだし〟に戻されるような自分（Ⓑ）には、Ⓐは成り立たないとハッキリと知らされたということです。

　ではそれを知ったからといって、「どこへ？　どうやって？」問題が、どう解決したのか？

証りに到達する方法は？　どうしたらいいの？　気になるところです。実は解決したというのは、**方法がないということがハッキリしたということなのです。**自分が努力してもムリ、不可能、自分には成り立たないということが、ハッキリしたのです。

これは修行が完成できない、心身ともに貧弱な自己の自覚ではありません。修行に逃げず、もっといえば修行に尽くし切ったからこそ出遇うことができた、自分自身の事実です。それが証拠に親鸞さんは二十年もの間、比叡山で頑張ったのです。頑張って、頑張って、頑張っても、超えられない壁。それは厳しい修行の壁ではありません、どうにもならない自分の根性の壁です。「いずれの行もおよびがたき身」Ⓑの事実が壁となって、進むべき道を閉ざしていたのです。

だからこその、「雑行を棄てて」なのです。仏になるために、どの行が私に合っているだろう？　どれが簡単？　どれが早く仏になれる？　そうして自分の都合に合わせて行をえらぶのではないのです。「いずれの行もおよびがたき身」なのです。それがハッキリとし、「雑行を棄て」たところにおこるのが、「本願に帰す」というあり方です。

自分の努力が拠り所にならないとハッキリと思い知らされたとき、自分を包んでくれていた阿弥陀さまの大きな願い、本願に気付かされるのです。言葉を変えれば、自分自身でさえ見捨ててしまったこの私を、決して見捨てない阿弥陀さまがいてくださったのです。本願に気付かされるとは、本願に出遇うということです。

ではここでもう一度、「どこへ？　どうやって？」問題のポイントを、まとめておきましょう。

どこに向かうのか？　は、**本願を拠り所とし、阿弥陀さまの浄土にいのちの方向性をいただく。**

では、**どのようにして、そこに到達するのか？**　は、**「いずれの行もおよびがたき身」の私には、それを実現させる方法がない。だから「雑行」を棄てざるを得ず、棄てたときに開かれてくるのが「本願に帰す」というあり方です！**

と言ったけど……。ぶっちゃけ、わかったような、わからないような。

イメージとしては、重いハシゴをかついで、どこにこのハシゴをかけたら、仏になれるの？と、あっちに行ったり、こっちに行ったり。挙句、まったく違う場所に「ここに違いない！」とハシゴをかけていたのが、「**え！　仏さまから、この私に向けてハシゴがかかってた！**」と気付く。

つまり、こちらが仏にならなきゃと思っていたけれど、仏さまが私のところに来てくれていた！　と、私たちの常識とは逆のことがおこる。これが、親鸞さんが師と慕った源空さんを通して、出遇うことができた、「どこへ？　どうやって？」問題の解決方法だったのです。

では親鸞さんにとっての源空さんは、どんな方だったのでしょうか。『高僧和讃』を手掛かりに、尋ねてみましょう。

智慧光《ちえこう》のちからより
本師源空《ほんじ》あらわれて
浄土真宗をひらきつつ
選択《せんじゃく》本願のべたまう

意訳

智慧のはたらきによって
宗祖、源空さんがこの世に生まれてくださった
浄土を拠り所とする生き方を明らかにして
阿弥陀さまによってえらばれた本願の念仏をひろめられた

皆さんとシェアしたいポイントはいろいろあるのですが、二点だけザックリと。まずは「浄土真宗をひらいた」という言葉に、驚かれる方も多いのではないでしょうか？　日本史の授業で習った鎌倉仏教。浄土宗を開いたのが法然さんで、浄土真宗を開いたのが親鸞さんだったハズ。そうなんです。私が属する真宗佛光寺派でも、宗祖は親鸞聖人です。法然上人（源空さん）ではありません。しかし当の親鸞さんは、自分が宗祖とはもっての外。「親鸞は弟子一人《いちにん》ももたずそうろう」（『歎異抄』第六条）とまで言っています。しかし親鸞さんを師と慕う人々が集まり、

今にその教えが伝えられたのです。もっと踏み込んでいえば、浄土真宗というのは宗派のグループのことではないのです。「浄土」を「真《まこと》」の「宗《むね》」とする。つまり、阿弥陀さまの浄土を拠り所として生きていく、「本願に帰す」ということなのです。私のいのちの方向が定まったということであって、決してグループ分けされたという意味ではないのです。

ちなみに親鸞さんが弟子を持たないといったのは、謙遜からではありません。親鸞さんが出遇うことができた本願の教えは、親鸞さんが作りだしたものではないからです。阿弥陀さまの浄土を拠り所として生きていく、ということが目に見える形となった、仏を念じる念仏。その念仏が、自ずと自分の中からわきあがる。それは親鸞さんの力ではなく、阿弥陀さまのはたらきだからです。そう、弟子をもたないというのは、至極当然なことなのです。だって、「俺の弟子！」って言ったら、人のふんどしで相撲を取るようなものですからね。ちなみにこの場合、ふんどしの持ち主は阿弥陀さまです。

さて、次のポイントです。それは「選択《せんじゃく》」です。これが、すっごく大事なポイントなのです。私たちのいのちの方向となる、阿弥陀さまの浄土。これを私たちのために、阿弥陀さまがえらびとってくださったというのです。う〜ん。ちょっと、ややこしい。そうですよね。これは『仏説《ぶっせつ》無量寿経《むりょうじゅきょう》』というお経さんに詳しく説かれていることなのですが、失礼を承知でえらびとられるまでの経緯をザックリとご紹介。

ある国の王様だった法蔵《ほうぞう》さん。世間での権力を手中に収めますが、その力をもってしても、人々の間に争いはなくなりません。なんとかして人々をすくいたい！　しかも、病気を治すとか、望みのところに就職できるとか、そんな目先のことではなく、「迷い苦しみを根本から抜きたい！」。そして、「生きとし生けるもの全てをすくいたい！」と願います。

そこで、世自在王仏《せじざいおうぶつ》という仏さまに尋ねました。「国をつくることによって人々をすくいたいと思います。しかし、どんな国にしたらいいのか、私にはわかりません」と。すると世自在王仏、「自分自身で知るべきこと（汝自当知《にょじとうち》）」だと答えます。イケズなの？　と思いますが、そうではありません。法蔵さんを尊敬しているからこその言葉なのです。世自在王仏であっても、法蔵さんの問題を代わってあげることはできないのです。が、法蔵さん「それは私の思慮を超えたことです。どんな国にしたらいいかは、お聞きするしかないのです」と、再度のお願い。これは、甘えてあわよくば教えてもらおう、そんな気持ちから出た言葉ではありません。法蔵さんも、世自在王仏を心から尊敬していたのです。

すると世自在王仏、なんと二百一十億という膨大な数の国を法蔵さんに見せます。答えではなく、考える手立てを与えたのです。素敵！　そこで法蔵さん、それらの国がつくられた背景を見て、それぞれの国から善をえらびとり、悪をえらび捨てるという「選択」をします。つまり、人々が争い、苦しむことをえらび捨て、人々が空しくないいのちを、いきいきと安心して生きていけることをえらびとったのです。それによって、法蔵さんのなかで、私はこういう国をつくりたい！　ということがハッキリしました。

その国を表すものとして、えらびとった願いが四十八願《しじゅうはちがん》（本願）の願文です。その四十八願が成就し、浄土という国が私たちのためにつくられ、法蔵さんは阿弥陀さまという仏になりました。メデタシ、メデタシ。

法蔵さんが全ての生きとし生けるものをすくうために、私たちのためにえらびとってくださった願い（本願）によってつくられたのが浄土なのです。

では、ここで本題に戻ります。「やりたい仕事が見つからない」。これは、仏道を歩むことに似ているといいました。では親鸞さんを始め、先輩たちは一体どうやって進むべき方向、そして到達する方法を見つけだしたのか？　そこにヒントがあるハズと一緒に尋ねてきました。「どこへ？　どうやって？」問題、そして親鸞さんの師である源空さんが大事にした「選択」を手掛かりに考える、「やりたい仕事が見つからない」に対する答えは？

知らん、です。あえていうなら、「汝自当知」。「自分自身で知るべきこと」、自分で考えて！です。どの仕事がいい？　そう思っていろいろ調べたり、行動したりしているのは、まさに重いハシゴをかついで、どこにこのハシゴをかけたらいいの？　どこが私にとってベストな選択なの？　どの仕事が天職なの？　そうして、あっちに行ったり、こっちに行ったりしているようなものです。右往左往していますが、どの仕事がいいのか本当の意味で、私たちはえらぶことはできないのです。

将来を見据えて考えたつもりでも、悲しいかな私たちは今の自分にとっての都合基準でしかえらぶことができません。法蔵さんが私たちのために選択してくれた、願いや国というような欲のない浄《きよ》らかなえらびはできないのです。

しかし、諦めるのはまだ早い！　**ハシゴはこちらからかけるのではなく、仏さまの方からかかっているのです。**どうでしょうか。仕事に対する思いを、ちょっと方向転換してみませんか。「やりたい仕事」の根底には、仕事が私に何を与えてくれるのかという気持ちがあります。それは、仕事によっての成長であったり、他よりいい給料、充実した福利厚生かもしれません。けれども仕事から得ようとする前に、**私が仕事に対して何ができるのか。**ちょっとひっくり返すだけで、どんな仕事も驚くほど変わってきます。

アメリカで暮らしていたとき、私はどんな仕事でも必死に働きました。クビにされないようにとの思いがあったのは事実ですが、何よりも私を雇ってよかったと思ってほしかったのです。なので、仕事に対して何ができるのか？　これを、いつも考えていました。

カフェ（例の超ブラックのお店です）で働いていたときは、毎日捨てられる余ったホットコーヒーがもったいないとの思いから、アメリカでは馴染みのないコーヒーゼリーを作りました。頼まれもしないのに商品開発を始めたのです。しかも材料は自腹で持ち込みました。

レストラン（例の太ったデューク東郷のお店です）で働いていたときは、サーバー（ウエイトレス）一人ずつの一日の売り上げがわかるシステムだったので、一日に千ドルを自分にノルマとして課しました。おまけに頼まれもしないのに営業もし、気がつけばオーナーから管理職の肩書が印刷された名刺を渡されました。

日本語ラジオ放送でパーソナリティとして働いていたときは、番組の企画をし、また広報活動にも力を注ぎました。ある日、社長と経理の方に呼び出され、社長を引き継いで欲しいと頼まれました。びっくり。

いただいた立場で私に何ができるのか？　と尽くしていくなかで、それが「やりたい仕事」に変わっていったのです。と、アメリカ時代を引っ張り出すまでもなく、今の私がまさにそうです。ハッキリいって、お坊さんになりたいなんて思いもしないし、ましてや住職なんてまっぴらごめん。自分でえらぶのであれば、絶対に選択しません。反対に、（そんなことは全くなかったけれど）私が住職になりたいと思っても、なれないのです。私が長女だといったところで、弟がいる以上、彼が継ぐものなのです。

たとえ望んだとしても継げない立場に、継ぎたくない私がいる不思議。でももっと不思議なのは、そんな私を見て、前住職である父は「天職だ」と言うのです。思わず「違うよ！」と言い返しましたが。それは好きでやっているのではない、との思いがあったからです。けれども、私の好き嫌いという判断とは別に、そばにいる人が天職だと思う。不思議だなと思います。天職を求めてハシゴをかけるのではなく、仕事に対して何ができるのか？　と尽くしていくなかで、天職のハシゴがこちらに下りてきている。

そう。「やりたい仕事が見つからない」のは当たり前。どこかに存在しているものではないからです。**仕事があなたと出遇い、あなたの中で育てられ、やりたい仕事、天職に変わっていくのです。**

6. 今の仕事を辞めたい

@『高僧和讃』善導さん

会社勤めの頃、辞める予定も覚悟もないのに「仕事辞めたいわぁ〜」と、「大変」と同義語で「辞めたい」という言葉を多用していました。しかし、ここでいわれるところの「今の仕事を辞めたい」というのは、もう少しシリアスな問題だと思います。辞めたい、どうしよう？　と悩む思いは、いつしか**辞める、辞めない、どっちにする？　と、二者択一になってしまいます。**けれども実は違うのです。**二者択一ではないのです。**

仕事自体を辞めることは、なかなかできません。宝くじに当たるとか、莫大な遺産を相続するとか、働かなくても収入があるのなら、その選択もアリでしょう。もちろん、働くのはお金のためだけではありません。けれども、お金がなければ生きてはいけません。二者択一ではないといったのは、どこで働くのか？　何をするのか？　その条件が変わるだけで、働くという行為自体を辞めることではないからです。

結局のところ「今の仕事を辞めたい」というのは、今の職場環境から出たいということなのです。その理由が人間関係なのか、給料の問題なのか、キャリアチェンジを求めてなのかは、わかりません。けれども、働いている会社を辞めて、もしくは自営ならその仕事を辞めて、他の会社で働きたい、もしくは新しく仕事を始めたい。そういうことなのです。

「ほな、おきばりやす」。**次に進みたい道がおぼろげながらも見えているのなら、とっとと歩き出せばいいのです**。何を躊躇しているのでしょうか？　なぜ踏み止まっているのでしょうか？

　理由はいろいろあるのでしょう。今回のことに関わらず、できない言い訳は簡単に、しかもたくさん出てくるものです。けれども今回の、一歩が踏み出せない理由。これを一言でいってしまうと、**不安**です。


　不安だと思います。たとえるなら、Ａ地点からＢ地点に架かる吊り橋を渡るようなものです。橋をちゃんと渡ることが出来るだろうか？　それは、新しい仕事には、スムーズに移行できるだろうか？　という不安です。Ｂ地点に着いたけれど、実は目的地はＣ地点だった！　ということも、おこるかもしれません。自分にはこの仕事だと思って転職したけれど、実は、この仕事じゃなかった！　ということです。では仕方がない、戻ろうと振り返ると橋がなくなっていた。つまり、元の仕事の方がマシだったと思うけれども、一度辞めたら戻れない。どうしよう……。たとえ話で、しかも想像ですが、不安は尽きることがありません。

　では、不安と、そこからすくい出すはたらきは何か？　思いを巡らせていると、ハッと気付かされることがありました。なぜ今まで気付かなかったのか……。

ことの発端は、八年前の夏まで遡ります。日本に帰らなきゃイケナイかも知れないと、実家周辺で不穏な空気が漂い始めていました。身の危険を感じた私は、自分自身にかなりキック言い聞かせました。「アカンで、絶対にアカンで。ヘンな男気（女ですが）出したらアカンで。絶対に損するから。絶対に、日本に帰るって言ったらアカンで！」と。この時、頭の中でソロバンを弾いていたのでしょう。巨大なソロバンの映像とこの言葉がペアになって、今でも脳裏に染み付いています。下世話な話をして申し訳ないのですが、金銭的にも、社会的にも、精神的にも、どう考えても（考えるまでもなく！）アメリカにいた方が、私にはオトクだったからです。

それでも、私は日本に帰って来ました。心無い人からは、「救世主気取りで帰って来た」とまで言われました。悔しかったです。悲しかったです。でも、私は踏ん張りました。

損得勘定でいえば、明らかに損な方を取りました。ハッキリ言いましょう。私は、そんな人間ではありません。舌切り雀のつづらなら、問答無用で大きな方を取ります。取り合いをしてまでも、大きな方をかっさらって行きます。しかも、取り合いに勝つ自信もあります。そんな私がなぜ、自ら損な選択をしたのか？　自分でも不思議でした。

しかし、心当たりはありました。アメリカでたまたま始めた「写経の会」。その会を通して、私自身が本当の意味での僧侶にならせていただいたこと。そして、改めてお寺とは何か？　お寺とご門徒さんの関係とは？　それらに向き合わせていただいたこと。それがあったからこそ、大行寺のために、ご門徒の皆さんのために、そして両親のためにとの思いで、帰って来るという決断をする私に、ならしめられたのです。まぁ確かに、救世主気取りといわれても仕方がないかもしれません。

さて、私自身、長い間それが帰国理由だと思っていました。けれども正直なところ、九十九パーセントはそうだけど、百パーセントとは言い切れない。わずか一パーセントですが、イマイチ釈然としない思いもありました。なぜ、日本に帰って来たのか？　なぜ、自分にとって損な選択をしたのか？　そして、不安はなかったのか？

不安がなかったと言えば嘘になります。けれども正直なところ、起こった出来事が巨大すぎて、不安だったかどうかはあまり記憶がないのです。

では今回、ハッと気付かされたというのは何か？

それは、**頑張れと背を押してくれた人たちがいたということ**です。

日本に帰ることになったという事実を最初に伝えたのは、「写経の会」のメンバーの皆さんでした。涙を流す人もいました。怒っている人もいました。当然です。お寺をつくろう！　そう言っていた人たちを、アッサリ見捨てて、京都に帰るのです。裏切りです。そんな私なのに、皆さん、最後には温かく送りだしてくれました。これは私が京都に帰ってからのことですが、バケーションや仕事で日本に来られる度に、メンバーの皆さんが大行寺にお参りに来てくださいます。中には、本山の佛光寺にお参りされる方も。嬉しいなと思います。「頑張って！」そう、背を押してくれる人がいる温かさ。支えてもらい、安心して前に進めます。

日本に帰る前に、友人たちがパーティーを開いてくれました。けれどもそれは、英語でいうfarewell party（送別会）ではなく、「Celebration of Eriko's New Adventure」と名付けられたパーティーでした。エリコの新しい冒険をお祝いしよう！　という会です。会場となったダウンタウン近くの日本食レストランには、百五十人以上の人たちが集まってくれました。お坊さんだからと、仏像や蓮の華でデコレーションされたテーブルには、日本から空輸された鯛のお刺身など、お料理がところ狭しと並びます。歌手の方のライブもあり、鏡開きもしました。大きな樽酒を木槌で叩くのですが、これがちゃんと開かないと、私の未来も開かない！　そんな思いで、叩いたことが思い出されます。なかなか割れず、三回も木槌を力任せに振り降ろしました。後から、軽く当てるだけでいいんだよ、と教えてもらいました。あんな力強い鏡開きは見た事がない。そう仰っていた方もおられました。ある意味、樽酒の蓋に人生を託さなければいけないほど、追い込まれていたのかもしれません。

さて、盛大に開いていただいたこのパーティー。本当に嬉しかったです。**送別会ではなく、私の新しい冒険のためのお祝いとしてくれたこと。**その言葉に託された気持ちが嬉しかったのです。

先ほどの吊り橋のたとえでいえば、橋をちゃんと渡ることができるのか、不安になっていることと重なります。送別会だ、お別れだと、悲しい気持ちで進むのではなく、冒険だ！　Yeah!と前を向いて進むのでは大きな違いがあります。

そして、戻る場所があるということです。もちろん、日本に行って、大変だったらまた戻って来よう。そんな思いも考えも、ありませんでした。もろもろの退路を断っての帰国です。けれども、いつでも帰ることの出来る場所があるということ。それがパーティーに集まってくれた人たちによって、目に見える形であること。友達がいる、仲間がいる、家族のような繋がりが、ここにある。そう感じることが出来るのは、とても心強いものです。まるで保険のようなものです。吊り橋のたとえでいえば、**いつでも戻れる**ということです。

今回、ハッと気付かされたことは、頑張れと背を押してくれた人たちがいたこと。そういいました。けれども実は、**それだけでは十分ではないのです。**いくら温かく背を押してくれる人がいたとしても、押されただけなら、転倒してしまうかもしれません。それに、どこに向かえばいいのかもわかりません。

自分が正しいと思う方向が、果たして正しいのか。その時の自分の都合に合う場所をえらんでいるにすぎないのか。吊り橋のたとえではないですが、B地点に進んでいいのか、C地点なのか、それさえもわからないこともあります。頑張れ！　と背を押されたけれど、どこに向かうの？

と。

だから、**迎えてくれる人**が必要なのです。背を押してくれる人だけでなく、迎えてくれる人がいないと、安心して一歩を踏み出すことなど出来ないのです。

私にも、この迎えてくれる人がいました。それは大行寺のご門徒さんであり、両親です。そうだと思っていました。でも実は違ったのです。それだけではなかったのです。もう一人大事な人がいたのです。日本に帰って七年以上が経ち、今回初めて気付かされました。そして、ハッとしたのです。

誰か？　それは弟です。「お寺が嫌だから、お姉ちゃん帰ってきて継いで」と、電話口で私に言い放った弟です。今でも鮮明に思い出されます。耳から入った言葉がはらわたを直撃し、煮えくり返るような怒りが込み上げてきたこと。そんな簡単な一言で、私の人生を変えられてしまうのか、あまりにも無責任すぎやしないかと。膨大な量の罵詈《ばり》雑言《ぞうごん》が、喉元まで一気に押し寄せてきたこと。その時です、少年だった弟が言った一言が思い出されたのです。「僕には将来がない」。

寺の跡取りとして生まれてきた弟は、「大人になったら何になりたい」と、将来を夢見ることができなかったのです。私には絶対に推し量ることのできない、大きなプレッシャーの中で生きてきたのです。そう思うと、周囲の人たちの恩を仇で返すような、寺を出るという決断に対してさえ、反対することはできませんでした。たかだかお見合いが嫌だといって家出をした、自分自身のワガママっぷりがふと脳裏をよぎり、とても怒れる立場ではないと思ったのです。

それでも私は弟を引き留めました。弟の代わりに、プレッシャーを背負うのが嫌だったからではありません。ただ純粋に、そしてどう計算しても、それが弟にとっての幸せだと思ったからです。「寺を捨てて出ていったら、もう二度と戻ってくることはできないよ」と言う私に、「戻ることはない。両親を頼む」と弟はきっぱり言いました。そう強く言われれば、四十年近く好き勝手に生きてきた自分の姿が恥ずかしく思えました。そして弟の思いを尊重しようと、帰国を決めたのです。

そうなんです。弟が言った「お姉ちゃん帰ってきて継いで」、この言葉が私に方向を示し、そして、迎えてくれたのです。聞いたときは、はらわたが煮えくり返るほど激怒した言葉でした。けれどもこの言葉に呼ばれて、私は一歩を踏み出すことができたのです。たとえ、損な道であってもです。

善導大師《ぜんどうだい》証《ししょう》をこい
定散《じょうさん》二心《にしん》をひるがえし
貪瞋《とんじん》二河《にが》の譬喩《ひゆ》をとき
弘願《ぐがん》の信心守護せしむ

意訳

善導さんは、諸仏に証人になってくださいと請うて『仏説観無量寿経《ぶっせつかんむりょうじゅきょう》』（『観経』）の注釈書『観経疏《かんぎょうしょ》』をつくり

『観経』に説かれる、自分の力を拠り所とする信心を翻し、お釈迦さまが本当にこのお経さんで伝えたいことは、阿弥陀さまの願いを拠り所とする信心だと

「貪瞋二河」の譬喩を『観経疏』で説いて

信心を守護されました

これは中国の善導さんを讃えた『高僧和讃《こうそうわさん》』の中の一首です。親鸞さんが、阿弥陀さま、そして勢至《せいし》菩薩の化身とも仰がれたのが源空（法然）さんです。その源空さんが、すごい！　この師以外はいない！　と仰いだのが、時代も国も違う、もちろん会ったこともない善導さんでした。

この御和讃では、「二河白道《にがびゃくどう》の譬《たと》え」ともいわれ、善導さんの著書『観経疏《かんぎょうしょ》』に説かれる「貪瞋二河《とんじんにが》」の譬喩《ひゆ》が詠われます。一歩が踏み出せない状態を思ったとき、このたとえ話が思い出され、そして弟の言葉は、私への呼び声だったと気付かされたのです。

「二河白道」のお話は、こうです。

一人の旅人が西に向かって長い旅を続けていました。すると、行く手に大きな河が現れます。

幅が広く、深さもあります。しかも、北側は水、南側は火の河。それが南北に果てしなく続いています。向こう岸にわたる方法は、ひとつ。水と火の間にある、一本の白い道を進むこと。その道はとても細く、やっと片足が置けるかどうか。おまけに右からは波しぶき、左からは炎が襲い掛かります。

え〜。ムリ〜。絶対、ムリ〜。と、一歩を踏み出すことができず、躊躇する旅人。するとあろうことか、東からありとあらゆるイヤなものが大挙して押し寄せます。大きな刀を振りかざす盗賊や、大蛇、獣の群れなどです。ちょっと話はそれますが、このたとえ話が絵になった「二河白道図」は数多く描かれ、大行寺にも大行寺蔵板の「二河白道図」があります。

さてさて、哀れ旅人、絶体絶命のピンチです。「戻っても死ぬ。ここにいても死ぬ。進んでも死ぬ。どちらに行っても死から逃げられないのなら、この道を進むしかない」。

旅人が、「すでに道は、ここにあるんだ！　必ず渡ることができるにちがいない」。そう思ったとき、背後から声が聞こえました。「**進め！**」と。すると、向こう岸からも喚《よ》び声が聞こえます。「**来い！**」と。

旅人は、後押しする声に支えられ、また喚《よ》ぶ声をたよりに、白い道に一歩を踏み出しました。すると東岸に集まった盗賊たちが、「戻っておいで」と声をかけます。しかし、そんな甘言には耳をかさず、旅人は歩み続けます。そして無事、向こう岸にわたることができました。メデタシ、メデタシ。

この短いたとえ話の中に、善導さんが出遇うことができた教え。そして、源空さんも親鸞さんも出遇うことができた教えが、ギュッと凝縮されています。が、今回は荒っぽくも、「進め！」と「来い！」の声にだけ注目したいと思います。

では、声の正体は誰か？　「進め！」と背を押してくれたのは、**お釈迦さま**です。専門用語でこれを「**釈迦の発遣《はっけん》**」といいます。では、誰が「来い！」と迎えたのか？　これは**阿弥陀さま**です。これを「**弥陀の招喚《しょうかん》**」といいます。

「貪瞋二河の譬喩」と御和讃にあるように、私たちの煩悩である、もっともっとと貪《むさぼ》る〝貪《とん》〟欲《よく》を水の河に、怒り腹立つ〝瞋《しん》〟恚《に》を火の河に、その中間にある白い道を、阿弥陀さまからいただく信心にたとえています。

お釈迦さまの「行け！」との勧めに励まされ、阿弥陀さまの「来い！」との招きを素直に信じること。阿弥陀さまの、生きとし生けるもの全てをすくうという誓願《せいがん》が、この私にはたらきかけていること。「え？　何、誓願って？　阿弥陀さまって、何をしてくれるの？」そう思っていた者でさえ、この呼びかけに気付いたとき、「すでにこの道あり。必ず度すべし」と一歩を踏み出すことができるのです。

軽々に、「二河白道の譬え」と私の経験を重ねるのは、たとえ話が本来伝えたいと意図することと隔たってしまいます。しかし、急に京都に帰ることになり、しかも、お寺を継ぐ立場に追いやられた私は、「もっとアメリカに住んでいたい！」「弟のせいでこうなった！」とまさに、貪瞋二河の真っただ中でした。そんな私の背を押してくれた、アメリカでの友人たち。そして、「帰ってきて」との弟の声によって自分の居場所が示されたこと。自分にとっては都合の悪い言葉でしたが、私を導いてくれる言葉だったのだと、今にして思います。

もちろん！　弟は阿弥陀さまではありませんし、アメリカの友人たちもお釈迦さまではありません。もっといえば最初の問いに戻り、では、一歩を踏み出すためには、今の職場の人たちに温かく送ってもらって、次の会社の人たちから迎え入れてもらわないとダメなんですね、ではありません。

仕事を辞めるという人生の大きな決断に向き合っている今だからこそ、何を大事にしているのか、何を大事にしたいのかが、わかるのではないでしょうか？　収入なのか、時間なのか、キャリアなのか、私にとって何が大事なのかが、わかります。けれどもその大事なものは、置かれた環境によって簡単に変わってしまいます。

ある意味、今の仕事を辞めようと思っているのは、「もっともっと、いい職場環境へ！」と、もっともっとと貪る〝貪〟欲。あるいは、「今の環境はヒドイ！」と、怒り腹立つ〝瞋〟恚。その貪瞋二河の中にいるようなものです。では、どこに進めばいいのか？　悲しいかな、私たちは自分の都合基準でしか、目指す方向は決められません。そして、それは自分の置かれた環境によってコロコロと変わります。まさに進むことも退くことも出来なかった旅人と同じです。

この御和讃で詠われるのは、「貪瞋二河の譬喩」を説いて語られる「弘願《ぐがん》の信心」、阿弥陀さまからいただく信心の大切さです。けれどもその信心は「守護せしむ」、守ってもらわないと壊れてしまうのです。なぜか？　それだけ、私たちの煩悩が深いからです。それは、この御和讃を詠われた親鸞さんも、そしてたとえを説かれた善導さんも同じです。

そして阿弥陀さまの教えは、他でもない、煩悩の河で溺れている私たちのための教えなのです。煩悩を捨て去って、エライ人になってすくわれていく教えではないのです。エライ人に成りたくても成れない、この私のための教えなのです。そして、そのことを『仏説観無量寿経』に託されたお釈迦さまのお意《こころ》を通して、明らかにしてくださったのが善導さんでした。そのことが御和讃では、「定散二心をひるがえし」と詠われています。

「今の仕事を辞めたい」という最初の問いに戻ったとき、今の仕事を辞めようと思っているのは、進むことも退くことも出来なかった旅人と同じといいましたが、他でもない、その旅人のためにこそ教えがあるのです。つまり理由の如何に関わらず、仕事を辞めたいと思っている人にも、ちゃんとすくわれる道があるということなのです。

では、その道とは？　実は、道はあるという事実が、すくいなのです。「貪瞋二河の譬喩」でたとえられるように、白い道がちゃんとあるのです。仕事を辞めたくても辞められないのは、不安があるからだといいましたが、その理由はさまざまです。粗々《あらあら》とした言い方になりますが、それらをまとめれば貪瞋二河に溺れてしまう不安です。けれども、道はあるのです。

う～ん。わかったような、わからないような。ところで、「結局、仕事どうしよう?」ですよね。アッサリした言い方でゴメンなさいですが、**どっちでもいいです。**辞めても、辞めなくても。本当に辞めたいときは、私が辞めるな！　と言ったところで、辞めるでしょう。また反対に、辞められる状態でなければ、辞めたくても、辞められません。

けれども「今の仕事を辞めたい」、その思いの根っこには、貪瞋二河が流れている。そのことを、心の片隅にでも留めていただけると嬉しいです。自分の根っこがハッキリすることは、目先の問題が解決するよりも、根本的な解決に繋がります。そして、自分という人間の本当の姿が見えると、自分自身に対する過度な期待も、恰好をつける必要もなくなります。つまり、失敗したらどうしよう?　という不安がなくならずとも、小さくなります。

大丈夫です。仕事を辞めても、辞めなくても。失敗しても、しなくても。不安があっても、なくても。私たちは阿弥陀さまの弘《ひろ》い願いの中にいるのですから。そう、道はあるのです。

コラム　七高僧って？――『高僧和讃』から

『高僧和讃《こうそうわさん》』に登場する、メインキャラクターの皆さんです。ちなみに「七高僧《しちこうそう》」といわれるように七人のお坊さんたちです。これって、なんだか「七人の侍」みたいですね。さてさて、このお坊さんたち、親鸞さんの主著『教行信証《きょうぎょうしんしょう》』行巻の末尾にある『正信偈《しょうしんげ》』にも登場します。

皆さん、インド、中国、日本と国籍はさまざま。おまけに、お釈迦さまが亡くなってからおよそ七百年後に生まれた方から、親鸞さんが実際にお会いした方まで、時代もバラバラです。しかしこの七人に貫かれていることがあります。それは「**阿弥陀さまの浄土を願った**」ということです。これこそが二千五百年前にお釈迦さまが顕《あきら》かにしてくださった教えなのです。阿弥陀さまの浄土を願うことによって、迷いを超えていく。それは生まれた場所も時代も、そして個人の資質さえも問わない。いつでも、どこでも、だれにでもにはたらく教えです。

その教えをお薬にたとえたとき、実際にそのお薬を飲むことによってたすかった。このお薬、ほんとに効くよ！　と、実感した人たちが、他でもない七高僧の皆さんなのです。

「じゃあ七高僧って、阿弥陀さまの浄土を願うだけでなく、阿弥陀さまの浄土を拠り所として生きた人たちのこと？　それってお坊さんだけじゃなく、フツーのおっちゃんとか、おばちゃんとか、他にもたくさんいると思うけど」。そうですよね。お坊さん限定って、何だかえこひいきですよね。実は七高僧としてえらばれるには、条件があるのです。ひとつは阿弥陀さまの浄土を拠り所にして生きていくことを顕かにしてくださった、**著作**があること。もうひとつはオリジナルの受け止めです。ぶっちゃけ、「阿弥陀さまの浄土を願う」と聞いても、イマイチわからないんですよね。これを独自の受け止めで明確にしてくださった、**発揮《はっき》の説**があること。これが、『高僧和讃』、『正信偈』共に登場する、七高僧の皆さんの選考基準です。もちろん！　この七人の他にも、素晴らしい方たちはたくさんおられました。親鸞さんは、その方たちが書かれた書物を、『教行信証』で引用されています。ただ、あの人も素晴らしい、この人も素晴らしいとなってしまうと、人に注目が集まり、何に出遇い、何を拠り所として生きたのか、肝心の教えがぼやけてしまいます。なので、七人を代表してえらばれたのであって、七人に限定したということではありません。タブンね。

ではご参考までに、七高僧の著書とオリジナルの受け止めである発揮をご紹介！

龍樹《りゅうじゅ》　インド出身（仏滅後七百年頃）
著書『十住毘婆沙論《じゅうじゅうびばしゃろん》』
発揮「難易二道《なんいにどう》」

迷いを超える仏道には難行道《なんぎょうどう》と易行道《いぎょうどう》があり、私たちには阿弥陀さまの浄土を拠り所とする易行道しか成り立たないことを明確にした。

天親《てんじん》 インド出身（仏滅後九百年頃）
著書『無量寿経優婆提舎願生偈《むりょうじゅきょううばだいしゃがんしょうげ》』（『浄土論』）
発揮「一心帰命《いっしんきみょう》」
二心《ふたごころ》なく、ひとえに阿弥陀さまによって生きることの大切さを明確にした。

曇鸞《どんらん》 中国出身（四七六〜五四二）
著書『無量寿経優婆提舎願生偈註《むりょうじゅきょううばだいしゃがんしょうげちゅう》』（『浄土論註』）
発揮「自力他力」
阿弥陀さまの本願のはたらきは他力だと明確にした。

道綽《どうしゃく》 中国出身（五六二〜六四五）
著書『安楽集《あんらくしゅう》』
発揮「聖浄二門《しょうじょうにもん》」
迷いを超えるのは、自分が覚ることを目指す聖道《しょうどう》の教えではなく、阿弥陀さまの浄土を拠り所とする浄土の教えだと明確にした。

善導《ぜんどう》　中国出身（六一三〜六八一）
著書『観無量寿経疏《かんむりょうじゅきょうしょ》』（『観経疏《かんぎょうしょ》』）
発揮「古今楷定《ここんかいじょう》」
『仏説観無量寿経』の解釈を正しく確定した。

源信《げんしん》　日本出身（九四二〜一〇一七）
著書『往生要集《おうじょうようしゅう》』
発揮「報化二土《ほうけにど》」
報土ともいわれる浄土の中にも真実報土《ほうど》と方便化土《けど》の二つがあると明確にした。

源空《げんくう》　日本出身（一一三三〜一二一二）
著書『選択本願念仏集《せんじゃくほんがんねんぶつしゅう》』
発揮「弘興選択《ぐこうせんじゃく》」
阿弥陀さまにえらびとられた本願を世にひろめた。

以上！

なのですが、注目したいことが一点。実は龍樹さんは空《くう》の思想の大家で、天親さんは唯識《ゆいしき》の大家です。けれども親鸞さんは、そのことには一切触れません。共に阿弥陀さまの浄土を勧めてくださった人だと受け止めます。天親さんは数多くの著書があるにも関わらず、「世尊我一心《せそんがいっしん》（中略）願生安楽国《がんしょうあんらくこく》」（「お釈迦さま、私、天親は心を一つにして、阿弥陀さまの浄土である安楽国に生まれさせていただきたいと願っています」）で始まる『浄土論』に、全て集約されていると受け止められます。

それは親鸞さんの勝手な受け止めなのでしょうか？　私はそうとは思えません。七高僧が出遇うことができた「阿弥陀さまの浄土を願う」ところに開かれていく生き方。これが定まれば、全てのことは阿弥陀さまに導くための手立てだったとハッキリするからです。

和讃を通して七高僧に出遇うというのは、七高僧が出遇うことができた「阿弥陀さまの浄土を願う」生き方に出遇うということなのです。

ちなみに、本山佛光寺の本堂（阿弥陀堂）には、七高僧の坐像が安置されています。ご縁がありましたら、是非お参りください。

第二章

人生編

1.「もうダメ……」行き詰まってしまった

@『高僧和讃』源信さん

「ああ、もうだめだ」。そう思ったことは、ありませんか。仕事、恋愛、健康、家族の問題が行き詰まる、お先真っ暗な状態。人生に関わるシリアスな問題から、今となっては笑い話になるようなことまで、皆さんも何度か経験されたことがあるのではないでしょうか。

私自身アメリカで暮らしていた時、こんなことがありました。昼間のオフィス勤めだけでは生活が大変だったので、週に何日かは仕事が終わった後にレストランで働いていました。お店はノースビーチと呼ばれるイタリア人街の近くにあり、ＤＪブースのあるラウンジも併設した、サンフランシスコでも話題となった、おしゃれなナイトスポットでした。

そこでサーバー、日本でいうウエイトレスとして働いていたのですが、初夏の爽やかな風が吹き始めたある日の夕方、**「ああ、もうだめだ」は突然にやってきました。**

制服は黒色の上下という色指定だけだったので、シャツとズボンで働いていた私。他のサーバーたちも皆、同じような恰好でした。その姿を見て、マネージャーが言ったのです。「暑くなってきたし、皆もその恰好じゃ汗をかいて大変だろ。来週から、ミニスカートで働いてくれ」。
そのお店のサーバーは全員が女性で、私は唯一のアジア人でした。白人の方たちと比べると若く見えるとはいえ、三十歳を過ぎてミニスカートで働くなんて、ありえない！　精神的な拷問に等しく、思わず「私をクビにしたいの？」とマネージャーに食ってかかりました。しかし彼は意に介さず、「似合うよ」と笑って聞き流されてしまいました。

恥ずかしい恰好で働くのが嫌なら、仕事を辞めればいい。簡単なことです。けれども、話題のお店で集客率が高く、おまけに客単価も高いそのお店は、チップ収入に頼るサーバーにとって働きやすい、言い換えれば、稼ぎやすいのです。事実、平均して三時間～四時間で百ドル。多い日は、五百ドルもの収入がありました。それを失ってしまうのは、大きな痛手です。
それでなくてもお店には、「サーバー、募集してる？」と仕事を探しているキレイな女の人が毎日、何人も、飛び込みで聞きに来ていました。私の代わりではなく、もっといい人たちが列をなして待っているのです。

「ああ、もうだめだ……」。精神的な拷問には耐えられそうにない。かといって、仕事を辞めると収入が減ってしまう。たかだか服装の問題です。**けれども何かが行き詰まると、私の人生までもが、行き詰まってしまったような思いにとらわれてしまいます。**事実、その時の私がそうでした。全米屈指の家賃の高さを誇るサンフランシスコで、どうやって生活していこう。他のレストランを探すにしても、収入が見込める高級店は競争率も高い。そうそう簡単に、いい仕事は見つからない。羞恥心か、生活か。どうしよう……。

けれども、悠長に落ち込んでいる余裕はありません。翌週になると、ズボン姿で仕事はできなくなるのです。決断を迫られ、気持ちは固まりました。

生活できる、つまり異国の地で「生きていける」ということが、何よりも優先されていた私にとって、**ミニスカートを拒絶して生活ができなくなるくらいなら、受け入れてやる。着てやる！**と。

意を決して買い物に行きましたが、試着をしても苦痛でしかありません。そこで私は裏ワザとして、前から見たらスカートだけど実はホットパンツというものを見つけ、それと、太ももまであるロングブーツも合わせて購入しました。これでマネージャーの指示通りでありながら、露出は極めて少なく抑えることができます。どうだ！　亀の甲より年の劫。

そうして、新しい服で働いた初日。なんと嬉しい誤算があったのです。通常、飲食代の二十パーセントとされるチップが、一気に五十パーセントに跳ね上がったのです。調子のいい私は、こんなことならもっと早くにミニスカートを着ていればよかったと思う始末。メデタシ、メデタシ。と、今となってみれば笑い話ですが、マネージャーの言葉を聞いた時の衝撃は、今でも覚えています。「ああ、もうだめだ」とアタマの中のシナプスが、「だめだ」の連鎖をおこし、思考は想像と妄想で満ち溢れ、行き場を失い、人生までもが行き詰まったように感じたのです。

ところで、親鸞さんがこんな御和讃をのこされています。

煩悩《ぼんのう》にまなこさえられて
摂取《せっしゅ》の光明《こうみょう》みざれども
大悲《だいひ》ものうきことなくて
つねにわが身をてらすなり

意訳

煩悩の雲や霧に眼《まなこ》をおおわれて
阿弥陀さまの慈悲の光を見ることができませんが
阿弥陀さまは少しもうんざりして疲れることなく
つねに私を照らし続けてくださっています

これは平安時代の僧侶、源信《げんしん》さんのことを讃えて詠まれた十首の内の一首です。お名前を聞かれたことのない方もおられるかもしれませんが、『源氏物語』に登場する横川《よかわ》の僧都《そうず》のモデルだというと、ご存じの方もおられるかもしれません。

さて、この源信さん、勉強がよくできました。どれくらいできたかというと、なんと宮中で行われた法華八講（『法華経』八巻を讃えてその内容を講じる法要）に召されたほど。その時の話が、平安時代末期に成立したとされる『今昔物語集』という説話集、巻十五の三十九話に「源信僧都の母の尼、往生する事」のなかに、詳しく書かれています。

それによると、源信さんは法華八講のご褒美として下賜された献上物を、大和（奈良）に住む母親のもとへ送られたそうです。親孝行ですね。

今でいうと、若手社員が会長賞を受賞し、副賞の賞金で両親にプレゼントを贈った、というところでしょうか。ちなみに源信さんの父親は、源信さんが七歳の時に亡くなっています。

ところがこの母親という人がすごいのです。源信さんからのプレゼントに対し、こんな手紙を送ったというのです。

「このように勝れた学僧になられたことは、限りない喜びです。けれども宮中で話すなど、世俗的な出世は私が望んだことではありません。あなたは光栄なことと思うかもしれません、また世間の人々も我が子の出世を望むでしょう。けれども私の心は違うのです。娘は多くいますが、たった一人の男子であるあなたを元服もさせずに出家させたのは、学問をし、貴いお坊さまになって欲しかったのです。有名な僧となり、世間にちやほやされることは、僧侶の本分ではありません。どうか、私をすくい、たすけて下さるような、立派なお坊さまになってくれることを念じています」。

この手紙を読み、源信さんは泣きに泣いたそうです。そして、すぐに返事を書きました。
「私には、有名な僧になり世間に認められたいというような心は一切ありません。ただ、このようなご縁をいただいたということを、お知らせしたかっただけなのです。母上のお言葉、極めて感銘を受けました。この上は、仰るとおりの僧となるべく比叡の山に籠り、母上をすくい、たすけることのできる道を見つけるまでは山を下りません」。

一説には、母親は手紙に、こんな和歌を添えていたともいわれています。

後の世を　渡す橋とぞ　思ひしに　世渡る僧と　なるぞ悲しき

世間の悲しみ、苦しみ、迷いから、迷いのない浄土へと導いてくれる、すくいだす橋となってくれるものと思っていたのに、その世間の評価や価値観にあなた自身が溺れてしまうとは、ここで詠われる「後の世を渡す橋」は、「法」ともいわれる教えです。それに対して「世渡る僧」は、その法の対象となる者。仏教では「機」といわれます。

親鸞さんが詠まれた、源信さんの御和讃でいえば、前半の「煩悩にまなこさえられて　摂取の光明みざれども」が、法を受ける私自身のあり方「機」です。そして後半の「大悲ものうきことなくて　つねにわが身をてらすなり」が、教えの姿「法」です。

ちょっと説明っぽくなりましたが、ここで大事なことは、教えはある、ということなのです。源信さんの母親の言葉を借りれば、世間の悲しみ、苦しみ、迷いを渡す橋はあるのです。けれども私たちは、世間の価値観に飲み込まれ、橋が見えないのです。親鸞さんの御和讃でいえば、橋は光明です。光は常に私を照らしてくれているけれども、私からわきあがる煩悩によって、その光が見えないのです。

煩悩は欲望だけではありません。「ああ、もうだめだ」という思いもそうです。真実に暗いこと、仏教では「愚痴」ともいわれ、あらゆる煩悩の根源とされています。

では、真実は何か？　**人生が行き詰まることはない、ということです。**行き詰まっているのは私の思いであり、都合です。「もうだめだ」との思いは、**物事が自分の思い通りにならないだけのこと**なのです。

私でいえば、レストランの仕事をクビになり、それによって生活が成り立たなくなること。これは、私の思いに反すること、都合に悪いことです。けれども、決して人生が行き詰まることはないのです。自分が思い描き、努力し、頑張ってかけた橋が落ちたとしても、橋は仏さまの方から、この私に向けてかかっているのです。まるで、どこにいても届く日の光のように。

大丈夫。決して行き詰まることのない人生です。大いなる安心のなか、一歩を踏み出していきましょう。

本山佛光寺の掲示板に、月替わりで掲載される標語、昨年五月の標語をご紹介して、『もうダメ……』行き詰まってしまった」に対する私からのメッセージとさせていただきたいと思います。

この道も　あの道も　行き詰まった　もう、道がない　と思うけど
行き詰まるのは　私の思い　道は必ず、ある

2. ペットロス

@『高僧和讃』源空（法然）さん

初めて飼ったペットは、確かサワガニだったと記憶しています。特に意思の疎通がはかれたとは思えませんでしたが、大好きな絵本に出てくるキリカという名前を付け、家も作りました。飼い始めた翌日、キリカが失踪しました。ペットとの新しい生活が始まると思った矢先のことで、幼い私は「キリカどこ？」と家中（寺中？）を探しました。が、そもそもサワガニが返事をするハズもなく、主がいなくなった手作りの家がぽつんと淋しく残されました。数日後、ゴキブリホイホイからキリカが発見されたと聞いた時のショックは、今でも忘れられません。

その後、ザリガニ、鯉と飼いましたが、世にいうペットロスはありませんでした。喪失感を覚えるほどの関係が、築けていなかったのだと思います。

時は流れ、アメリカで暮らし始めて数年後のことです。誕生日プレゼントとして、ペットをもらいました。びっくりしました。え？　プレゼントがペット？　それ、私、望んでないですから。事の次第はこうです。友達とショッピングモールにふらりと立ち寄ったのが、たまたま誕生日前。そしてそこに、たまたまペットショップがあったのです。イヌやネコを眺めながら喋っていると、友達が「昔、ウサギを飼っていた」と言い出すのです。そのウサギがいかに素晴らしかったかを滔々《とうとう》と話し終わった後に、「そうだ！　誕生日のプレゼントにするよ」と。戸惑う私を後《しり》目《め》に、ケージやウォーターサーバー、草等をカートに放り込みます。「何が必要かはわかってるから、全部プレゼントするよ。ウサギをえらんできて」。あのぉ、全部、買ってくださるのはありがたい。でもね、アナタの出費は一時の事。私はこの先ずっと、ランニングコストがかかるのです。というか、そもそもペットいらないし。ていうか、誰が世話するの？　自分の世話もままならないのに。と、心の中でブツブツ言いながらも、こういう強制力でもなければ、ペットを飼うこともなかろう。乗り掛かった舟だ、乗ってしまえ！　と、明らかに魔が差した状態で、ウサギをえらぶことに。

それが、はまちとの出会いでした。はまちとは、ウサギの名前です。好きな寿司ネタを名前にしようと思ったところ、「雲丹《うに》」「甘海老」「赤貝」では語感がイマイチと感じ、「魬《はまち》」に。

さてさて、このはまちちゃん。私はすっかり虜になってしまいました。とにかく、可愛い。部屋で放し飼いをしていたのですが、買ったばかりのヌメ皮の鞄をガジガジされても。ビーズがたくさん付いた、お気に入りのヒールをかじられて、部屋中ビーズだらけになっても。一緒にベッドで寝て、はまちのうんこちゃんまみれになっても。可愛い。何をされても、可愛い。**私はジャンクフードを食べていても、はまちが食べる野菜は全てオーガニックという溺愛ぶり。**そのせいか、ミニウサギだったハズなのに、半年も経った頃には小型犬よりも大きくなっていました。

それに、これは飼主に似たのでしょう。とにもかくにも、驚くほど賢いのです。仕事が終わってアパートメントに帰り、部屋のドアを開けると、そこにちょこんと座ったはまちが。迎えにきてくれているのです。それだけでなく、呼びかけると走ってきます。試しにキャサリンとか、はまちと同じ「は」から始まる花子とか、違う名前で呼んでみると、微動だにしないばかりか、視線さえ合わせません。部屋のカウチに座りパソコンを使っていると、膝の上に飛び乗り、同じようにキーボードを叩きます。そのはまちが、亡くなりました。

突然でした。ウサギは十年くらい生きるそうですが、一年ちょっとのいのちでした。原因はわかりません。彼女が発していたサインを、見落としていたのかもしれません。亡くなる前の数週間、彼女はやたらと私に引っ付いて来ていました。足にまとわり付き、隙を見付けては膝に飛び乗り……。彼女が亡くなった時、ナゼか自殺だと思いました。動物病院の腰を抜かすような高い治療費が払えない私を心配して、長患いになる前に、自ら死んだような気がしたのです。彼女は亡くなる時、私の目をじっと見つめていました。その視線が余りにも真摯で怖くなり「はまちちゃん、目、見るのやめて。怖いわぁ」と思ってしまいました。すると彼女は、すっと視線をそらし、そして亡くなりました。

実は、はまちの異変に気付いた時、友人に電話をしました。動物病院に連れて行って欲しいと。けれども友人が私のアパートメントに着いた時には、既に亡くなった後でした。それほど急だったのです。友人は、嘆き悲しむ私を見て、気持ちを落ち着かせるためにカフェに連れ出してくれました。ちなみに友人は男性でした。夜のカフェで、テーブルを挟んで男女が二人。会話はなく、時折、女は思い詰めたように涙を流す。どう見ても、別れ話がこじれたカップルです。こんな居心地の悪い状況に彼を置いてしまったことを申し訳なく思いつつも、どうすることもできません。「うぅっ……。はまちちゃん……」。涙が溢れます。それと同時に元気だった頃のはまちの姿が浮かび、また、最後の姿も浮かびます。どうして早く気付かなかったのだろう？　きっと、かなり前から苦しかったはずだ。どうして、すぐにタクシーに乗って病院に行かなかったのだろう？ありとあらゆる後悔が押し寄せてきます。

知りませんでした。**ペットを喪うのが、こんなに悲しく苦しいことだったなんて。**正直それまでの私は、心のどこかに「しょせん、動物」という気持ちがありました。はまちによって、はまちの死によって、動物も私と同じいのちをいただいている。その当たり前のことに、気付かされたのです。

それだけではありません。自殺だと思ったのは、何も治療費の問題だけではありません。死ぬことによって私に伝えたいメッセージがあったと、なぜか強く感じたのです。理由も根拠もありません。けれどもはまちが亡くなって、ペットを喪う悲しみを知った私は、友人がネコを亡くした時、お葬式をしました。はまちと出会っていなかったら、はまちが死ななかったら、ネコちゃんのお葬式はしていません。必要性がわからなかったと思います。そして、そのお葬式が縁となり、アメリカで「写経の会」を始めました。それだけでなく、アメリカでお寺をつくろう！という動きが、生み出されるまでになりました。残念ながら、私の日本帰国に伴い、お寺はつくれていませんが、「写経の会」は今もアメリカで続いています。

そして何より、その会を通して、私自身が本当の意味での僧侶にならせていただきました。僧侶としての私の原点です。

ウサギの保護者としてはダメダメだった私ですが、はまちは**自分の死を通して私に素敵なギフトを届けてくれた**のです。少なくとも私にはそう感じられ、その思いは、十年近い時を経た今も変わらずに私の中にあります。焚火に飛び込むウサギの話はインドに古くから伝わる仏教説話で、平安時代末期に成立したとされる『今昔物語集』にも出てきます。みすぼらしい老人の姿になった帝釈天に、食べ物を持ってくるサルとキツネ。何も見つけることができなかったウサギは焚火をおこしてもらい、自分を食べて、とその火の中に飛び込みます。そのウサギと、はまちが重なるのです。

命終《みょうじゅう》その期《ご》ちかづきて
本師源空《ほんじげんくう》のたまはく
往生《おうじょう》みたびになりぬるに
このたびことにとげやすし

意訳

臨終のときが近づいたので
源空さんはお弟子さんたちに仰いました
浄土に往生することは、これで三度目になるが
このたびは、人々を迷いを超える仏道に教え導くことが果たし終わったので
満足して往生していくことができると

これは『高僧和讃《こうそうわさん》』の中、親鸞さんの直接の師匠、源空（法然）さんのことを詠われた一首です。

この御和讃を最初に見た時、二度見しそうになりました。何、言ってるの親鸞さん、って。だって、「往生みたびになりぬるに」です。これは、インド、中国に現れて人々を導き今回の日本で三度目になる、ということですが、そもそも三度目ってどういうこと？　源空さん、生まれ変わったってこと？　次々と疑問が出てきたのです。

源空さんが亡くなる時、お弟子さんたちに対して、人々を迷いを超える道に導くことができた。だから満足して往生していけると仰ったことが、詠われているこの御和讃。しかし実際に源空さんが亡くなった時、親鸞さんは関東にいて、その場におられませんでした。後に京都に帰って来られ、直接見聞きした人たちから伝え聞いて、これを詠まれたのでしょう。では、その場にいた

人たちが、聞き間違えたのでしょうか。それとも、源空さんが嘘ではないですが、ちょっぴり大袈裟に話したのでしょうか。

そうではないと思います。親鸞さんにとっての源空さんが、そうだったということなのです。源空さんは、インドでお釈迦さまの法座に連なり、中国で教えを翻訳し、そして今回、日本に生まれてこの私に教えを伝えてくださった。インド、中国、日本とは、お釈迦さまが明らかにしてくださった、迷いを超える道が伝わり、そして実際に人々に生きてはたらいた流れです。その流れと源空さんのいのちが重なるというのは、源空さんのいのちが、教えそのものだということです。

それは、親鸞さんの奥さまといわれる恵信尼《えしんに》さんのお手紙からも、うかがい知ることができます。残されたお手紙からなる『恵信尼消息《えしんにしょうそく》』に、こんな一文があります。

「夢には品別《しなわい》あまたある中に、これぞ実夢《じちむ》にてある。上人をば、所々《しょしょ》に勢至《せいし》菩薩の化身と夢にも見まいらする事あまたありと申すうえ、勢至菩薩は智恵のかぎりにて、しかしながら光にてわたらせ給う」（法然上人が勢至菩薩だった夢を見た！　すっごく光ってた、と言う恵信尼さんに対して親鸞さんは、「夢にもいろいろあるけど、それは正夢ですよ。法然上人は勢至菩薩の化身だと夢に見たということは、アチコチでいわれていることです。勢至菩薩は限りない智恵の菩薩さまで、それは光となって現れますから」と答えた一文です）。

なんとびっくり、源空さんはここでは勢至菩薩です。勢至菩薩とは、仏さまの智慧を表します。親鸞さんにとっての源空さんは人ではなく、お釈迦さまが明らかにされた教え、仏さまの智慧が形をとったものだったのです。だからこそ、親鸞さんは自著『教行信証《きょうぎょうしんしょう》』で源空さんとの出遇いを、「源空さんという人に会った」と記さず、「愚禿釈《ぐとくしゃく》の鸞《らん》、建仁辛《けんにんかのと》の酉《とり》の暦《れき》、雑行《ぞうぎょう》を棄《す》てて本願に帰す」。自分の名を名乗り、出遇うことができた年を示し、出遇うことができたのは本願という教えだと記されたのです。

源空さんが出遇うことができた教えに、源空さんを通して出遇うことができた。源空さんはこの親鸞を導くために、現れてくださったとの受け止めです。それが「往生みたびになりぬるに」という言葉を生み出した背景ではないでしょうか。つまり源空さんが三回生まれ変わったということではなく、それぞれのお仕事を源空さんのお仕事として、親鸞さんが仰いだということです。

はまちも、そうです。源空さんと並べて語るのも、どうかと思いますが。

私にとっては、まるで自ら焚火に飛び込んだウサギのように、自分の死を通して私に伝えたいメッセージがあった。もっと踏み込んでいえば、私のために亡くなった。そう受け止めざるを得ないのです。辛く悲しい別れでしたが、僧侶としての私を生み出してくれた大切な縁となったのも事実です。

これはとっても私的な、ペットロスの体験の話です。悲しみの中にいるあなたに、この話がすくいになるかはわかりません。ならないかもしれません。けれども改めて、親鸞さんが人生の師である源空さんを詠んだ歌に尋ねる時、自分を導くための教えそのものと源空さんを受け止められた事実に、深い感動を覚えました。そういう出遇い方をされていた、ということに。

はまちちゃんも、そうです。私の友人たちからすれば、大食いの太っちょウサギだったかもしれません。けれども私にとっては、仏さまのお使いでした。**きっとあなたも、あなただけの出遇いがあったと思います**。だからこそ、悲しいのかもしれません。

3. 大切な人を亡くした

@『浄土和讃』

今年の一月十七日で、私の最愛の祖父は百歳になりました。生きていれば、ですが。二〇一一年五月十二日に亡くなった母方の祖父、桂吉《けいきち》。七年近い時が過ぎましたが、正直「もう」なのか「まだ」なのか、時間の感覚は不確かです。なぜなら、おじじは私の中で生き続けているからです。

私は祖父を「おじじ」と呼んでいました。おじじは私にとって、永遠のヒーローです。自転車の乗り方を教えてくれたのも、おじじです。

今でも覚えています。後輪に付けていた補助輪を外し、おじじが自転車の後ろを支えて、小走りで付いて来てくれた日のことを。私がバランスを崩して倒れると、おじじも倒れて怪我をしたこと。腕に血をにじませたまま、大丈夫だと言って、自転車に乗る練習を続けてくれたこと。教え方はスパルタでしたが、それを支えているのは、溢れんばかりの愛情でした。

私が住む大行寺にも、祖父の家にも煙突はなく、このままではサンタさんが来られない！　と騒いだクリスマス。おじじは自分の家の中に、大きな屋根と煙突を作ってくれました。

私が中学、高校生の頃には、得意の乗馬も教えてくれました。これもスパルタでした。這い上がるようにして、なんとか馬にまたがったかと思うと、鞭で思いっきり馬のお尻を打つおじじ。「何しはるん！」悲鳴と共に叫ぶと、「手綱を曳けー！」の声。そんなスパルタ特訓の甲斐も空しく、今でも馬にはうまく乗れません。正直、乗馬が好きなわけではありませんでした。ただ、おじじと一緒に出掛けるのが楽しかったのです。

私が二十歳をすぎた頃には、こんなこともありました。寺では、蔵を改築する工事をしていました。おじじが遊びに来たので、まだ階段もかかっていない二階に、ハシゴで上りました。工事中の建物内部を見るのは、楽しいものです。一通り見たので、さぁ一階に下りようとして、足がすくみました。忘れていましたが、私は高所恐怖症。「ムリ。絶対に、ムリ……」。恐怖で固まり、動けなくなっている私に、一階にいる他の家族たちは、頑張れ！　とか、下を見るな！　と、ありきたりなことを言います。しかし、おじじは違いました。先に下りていた彼は、「待っておけ！　担いでやる！」と言って、ハシゴを再び上がってこようとしたのです。

びっくりしました。七十五歳を超えていたでしょうか。今でいう後期高齢者になるか、ならないかの歳です。そんな老人に担がれるなんて、申し訳ない。しかも冷静に考えたら、体重、私の方が重いんじゃない？　これは危ない！　ヘタすりゃ、二人揃ってハシゴから転落してしまう！

なんとか、おじじの暴挙を止めなければ！

「大丈夫！」私は夢中で叫びました。全くもって大丈夫ではありませんでしたが、私一人が飛び降りて怪我をした方がマシ。咄嗟に、そう思ったのです。少しでも躊躇した様子を見せると、おじじが私を担ぎにハシゴを上ってくるので、とにもかくにも、必死に下りました。でも、嬉しかったです。おじじは何があっても、私をたすけてくれる。

事実、その後、杖をついて歩くようになってからも「(何かあったら相手を) これで殴ってやる」と言って、私の護衛よろしく、少し前を歩いてくれていました。おじじはいつでもジェントルマンであり、ヒーローでした。

私がアメリカに行くと、旧制中学で使っていた辞書を引っ張り出し、英語を勉強しなおしたそうです。その時すでに、御年八十歳を超えています。旧制中学では、ラフカディオ・ハーン（小泉八雲）の次男に英語を習っていたおじじ。アメリカから電話をすると、きれいなイギリス英語で話し、私への手紙も英語になりました。

おじじは何でも出来たし、何でもしようとしました。子供の頃、私はよく質問をしました。

「なんで、おじじは、バイクに乗れるん？」

「昔、バイクの先生やったんや」
「なんで、おじじは、電気の電車が作れるん？」
「昔、電気の電車の先生やったんや」
「なんで、おじじは、何でも知ってるん？」
「昔、なんでもの先生やったんや」

〇〇の先生と答えるのは、おじじの決まり文句でした。けれども私は、その全てを信じていました。それくらい何でも出来たのです。おじじは私にとって、「人生の先生」でした。

その、おじじの死と言う現実に向き合った時。私は子供のように泣きじゃくりました。泣きながら、冷たくなっていくおじじに、いっぱいキスをし、そして心の中で叫びました。「天晴！おじじ！」と。よくぞ生き切った。大正、昭和という日本の激動の歴史の中を、九十三年間という時間を見事に生き切った。

おじじの凄いところは、中途半端な思想を持ち込まず、現実をそのまま受け入れていたことです。そして驚くことに、ただ受け入れるだけでなく、受け入れ難い事も、辛い事も、悲惨な事も、どんな現実もおじじと言うフィルターを通ると、「楽しい！」事に変わっていたのです。

おじじの口から出る、激戦地フィリピンでの話には、いつもワクワクしました。話の中の祖父は、現地の少年と英語で冗談を言い合い、バナナを食べる、ごく普通の二十代の好奇心旺盛な青年でした。熟していない青いバナナを食べる時は、車のマフラーにバナナを入れてエンジンをかけるといいと教えてくれましたが、まだ試す機会はありません。

南国フィリピンでの楽しかった話を聞いて育った私は、銀行に就職すると、祖父を旅行に誘いました。「一緒にフィリピンに行こうよ。招待させて」。「飛行機は好きじゃない」そう言って、のらりくらりと逃げていた祖父ですが、頑として首を縦には振りませんでした。

当たり前です。また行きたいと思うような、楽しい場所ではないのです。恩賜《おんし》の煙草をもらい、クリスマスイブの日に敵前上陸をした場所。その地では、恐怖に耐えかねた同じ部隊の仲間が、祖父の目の前で手榴弾を使って自殺をしたそうです。それだけではありません。弾は前にいる敵からだけでなく、後ろにいる味方からも飛んでくるような状況。そんな中、たまたま玉砕を免れた話。いろいろ、話してくれていました。けれども、おじじというフィルターを通すと、それはワクワクする冒険物語に変わったのです。そのフィルターを外し、祖父が受け入れるしかなかった現実を思う時、ただ、ただ、その強靭な精神力に驚きます。

何が違うのか？　何が、おじじをそうさせたのか？　大行寺開基、信暁学頭《しんぎょうがくとう》の著書、『山海里《さんかいり》』を読んでいて、それは平常の覚悟の違いなのかな、ふとそう思ったことがあります。仏教説話集である『山海里』の中に、「平常の覚悟」として和泉式部や太田道灌などの死に対する逸話が紹介されています。そこでは、**死を切り離された異質の事としてではなく、あくまでも生の延長としてとらえています。生があるから死があり、死があるから生がある。**

おじじの死後、遺書が出てきました。墓参りに来て欲しい等といった、ごく一般的な内容が書かれているだけでしたが、驚くのは書かれた日でした。二十年近くも前に、書かれていたのです。死を見据え、帰る場所がわかっていたからこそ、おじじは見事に生き切ることが出来たのかもしれない。そんなことを『山海里』の言葉とあわせて思いました。

そんなおじじから、私はとびっきりの形見をもらいました。看病をしてくれていた叔父さえ驚くほど、私や私の母と接している時のおじじは、顔色や表情も別人かと思うほど明るく元気でした。そして、死の間際まで、私と母に冗談を言っていました。そんな私に、祖父がくれた大事な形見。それは、祖父の精神です。**いただいたいのちを、精一杯生き切ること。**

祖父が亡くなったとの知らせを受けたのは、寺にいた時でした。私は真っ先に本堂に走っていき、「阿弥陀さん！　おじじは、お浄土に行ったん？　お浄土ってあるん？」御本尊である阿弥陀さまに、泣きながら尋ねていました。急いで祖父の家に行かねばならず、短い時間のことでした。しかしなぜ、本堂に走って行ったのか？　なぜ、私の中から、そのような問いが出たのか？　今もわかりません。正直、「お浄土ってあるん？」と尋ねながら、何を言っているんだ私は！

と思う自分もいたのです。

祖父が亡くなって七年、今でも猛烈に、祖父に会いたくなる時があります。京都の町を歩いていると、一緒に行ったお店の前を通ることがあります。そこで交わした祖父との会話を思い出し、涙がこぼれることもあります。祖父を思う時、おじじは私の近くに来てくれます。「エリィ」、語尾を少しあげた独特の呼び方も、耳に聞こえます。正直、アツい愛情、スパルタ教育のおじじとは、ぶつかることも多かったです。激しく言い争うことも、よくありました。しかし、よくよく考えると、孫相手に真剣勝負でケンカをするとは、おじじもおじじです。ほんと、オトナゲない。

でも、不思議ですね。今、私はとても素直に、おじじに向き合えています。ふと思います。両親とは、素直に向き合えているのかと。照れが先に立って素直になれず、感謝をしているのに、ついつい憎まれ口を叩いてしまいます。それだけでなく、自分に都合が悪いことが起これば、キツイ言葉が口から出ることもあります。顔を付き合わせている両親とは、ちゃんと向き合えていない。そう気付いても、悲しいかな、なかなか素直にはなれません。

さて、おじじを思う時、あの日の問いが今でも強烈に蘇ります。「お浄土に行ったん？」、「お浄土ってあるん？」。おじじという亡き人を思うことで、お浄土が私に問いかけるのです。正直、答えはわかりません。けれども、一つだけ、確かなことがあります。私の中でおじじを縁として、お浄土が私のいのちの方向を、示してくれるようになったのです。おじじを思うと同時に、思い出されるお浄土。おじじを思い、お浄土を念じて、今を生きる。それまでとは違う、いのちの始まりです。

親鸞さんは『浄土和讃《じょうどわさん》』の『讃阿弥陀仏偈和讃《さんあみだぶつげわさん》』（六六頁参照）で、こんな御和讃を詠っています。

安楽浄土にいたる人
五濁悪世《ごじょくあくせ》にかえりては
釈迦牟尼仏《しゃかむにぶつ》のごとくにて
利益衆生《りやくしゅじょう》はきわもなし

意訳

安穏で清浄な国に往生した人たちは
濁った娑婆世界にかえってきて
お釈迦さまのように
迷いを超えさせることが自由自在であることは、はてしがない。

迷いの世界である娑婆世界にいる私たちは、それぞれが置かれた環境によって、いろいろなあり方をしています。一生懸命に生きようとして、自分の都合を握りしめ、傷付け合っています。一生懸命になっているのは、自分の思いに一生懸命になっているにすぎないのに、そのことにさえも気付かない。

大切な人を失っても、一緒に食事ができない、もっと教えて欲しいことがあった、そんな**自分の都合が叶わなくなったことを嘆き、その人がいのちを全うし、この迷いの娑婆世界から安穏で清浄な安楽浄土に往生されたというよろこびは、爪の先ほども出てこない**。子供のように泣きじゃくった私のように、ただ、ただ、自分の悲しみに押し潰されてしまう。

けれども安楽浄土に往生し、仏さまとなった亡き人は、この私に大切なことを伝えてくれています。**亡き人を縁として、出遇わせていただくことが必ずあるのです**。そして、私がおじじと素直に向き合えたように、新たな出遇いが始まります。それだけでなく、今までは会いに行かなければ会えなかった人が、念じるところに来てくれます。亡き人も、そしてお浄土も。それは、煩悩の海、迷いの海に沈む私にとって、方向を示してくれる灯台の灯りです。

Thank you, おじじ。

物の分別も十分につくであろう二十九歳で、無謀にもアメリカに家出をした私。その後、三十九歳を目前にして、日本に帰国しました。事あるごとに、「よく決断をしましたね」「思い切りましたね」と言われます。言われてみれば、ごもっとも。自分自身のことですが、無鉄砲にもほどがあります。

実は私、石橋を叩いて、叩いて、叩くタイプです。元銀行員だからでしょうか？　それとも性格か？　ものすごく慎重です。慎重なので、綿密なリサーチをし、石橋を叩きまくります。けれども最後はいつも、飛び込んでしまいます。無鉄砲です。

アメリカに家出をするのか？　日本でお見合い結婚をするのか？　これは人生の大きな分岐点です。日本に帰国して、大行寺を継ぐのか？　アメリカに留まり、お寺をつくるのか？　これまた、大きな分岐点です。こうして文字にすると、改めて事の重大さに背筋がちょっと冷たくなります。ムリ……。えらべない……。**って、すでに無鉄砲に飛び込んで、今があるんですけどね。**

4．人生の分岐点。どう道をえらぶ？

＠『高僧和讃』龍樹さん

さて、この分岐点。ランチは何を食べる？　といった些細なことから、人生に関わる大きな決断まで。私たちは日々、分岐点に立たされ、えらび、決断をしています。けれども、果たしてそうなのでしょうか？　人生は何かをえらび、何かを捨てる、二者択一の連続なのでしょうか？

こんなことがありました。ちょっと恥ずかしい話ですが、聞いてください。

日本に帰国してからご縁をいただき、大学で学んでいます。ここ数年は大学院でも学ぶ機会をいただき、嬉しい限り。この原稿も大学の図書館にこもって書いています。圧倒的な蔵書に、ここはパラダイスか?!　と、いつも幸せな気持ちになっていますが、**僧侶がパラダイスというのも、いかがなものかと……**。

さてさて、本題。先日、学内を歩いていると、知り合いの教授にお会いしました。久しぶりだったのでご挨拶をして、歩きながら世間話をしていました。すると、その方が唐突に仰ったのです。「あなたの学びの課題は何ですか」と。

咄嗟に考えたのは、時間の尺です。元テレビリポーター、ラジオパーソナリティの性でしょうか？　今、歩いている場所から、目的地までの所要時間。これは、どんなに長く見積もっても四十五秒。その短い時間内に自分が今、課題としていることを端的にまとめ、しかもなぜ、それが課題になっているのかも、誤解がないように相手に伝えるとなると、これはかなりキビシイ。どうしよう？　と、考えていた時に、ふと大事なことに気付きました。それは自分の課題を伝えるのが、恥ずかしいということです。

久しぶりにお会いした教授に、自分の課題を伝えること。これは私の内面の奥深い部分を、さらけ出す行為です。正直、信頼関係が成り立っていないと、恥ずかしい。ハッキリいって、パンツを見せる方が恥ずかしくないかもしれません。

そこで私は、卑怯な方法にでました。**テキトーに誤魔化したのです。**世間話の続きをし、お茶を濁すという古典的な手を使いました。これなら四十五秒以内で、会話が無難に完結すると思ったのです。するとその教授が、一言仰いました。「あなたが学んでいるのはネタ集めですね」。

ショックでした。昨年末の出来事ですから、昨年起こったショックなことベスト三に入りそうなほどショックでした。そして、猛烈な怒りが込み上げてきました。脳内では教授のお尻を、ペンペンしていました。ちなみに手ではなく、バットです。それくらい怒りました。「勝手に判断しんといて〜」「本音の話をしてへんだけやもん〜」と思いました。もちろん、口には出しませんでしたが。

教授と別れてからも怒り冷めやらずだった私は、なぜこんなに怒っているのだろうかと考えました。しかし、考えるまでもありませんでした。**図星だったのです。**的を射ていたから、心当たりがあるから、怒ったのです。

パンツを見せるより恥ずかしいと言った、私の課題。それは、すくいです。ハッキリ言って、日本に帰ってきた時、大変でした。物理的にも精神的にも、私も家族も、全てが大変でした。その大変だった時を支えてくれたのが、教えでした。正確には、教えに出遇い、教えに生きている先輩や先生たちとの出遇いがあって、すくわれたのです。砂漠でオアシスを見付けたように、教えを聞ける場に身を運びました。私にとっては、「ＮＯ 仏教、ＮＯ ＬＩＦＥ」なのです。今もそれは変わりません。自分のために、自分のすくいのために、身を運ぶ。ただ、聞きたい。それだけなのです。

この言葉に偽りはありません。けれども、どうでしょうか。新聞にコラムを書いたり、講演会やテレビでお話をさせていただいたりと、いろいろなご縁をいただいています。その時にふと、講義で聞いた内容が、思い出されることがあります。私の受け止めを通してですが、講義で学んだことを書いたり、話したりすることもあります。私自身、意識をしていませんでしたが、その行為をネタ集めだといわれれば、否定はできません。

では、大学で学ぶのをやめるのか？　それとも、たとえネタ集めと他人から後ろ指を指されようが、聞きたいから身を運ぶのか？　**さあ、どっち？　では、ないと思うのです。**何かをえらび、何かを捨てる、二者択一ではないのです。

ただ、学び続けるしかないのです。教えを聞かせていただく場所に、身を運び続けるしかないのです。聞く、聞かない、どっち？　では、ないのです。何か一つをえらぶのではなく、これしかないのです。

私が二十九歳でアメリカに渡った時、アメリカに家出をするのか？　日本でお見合い結婚をするのか？　その二者択一で、都合のいい方をえらんだのではないのです。京都から出る、日本を離れる、アメリカに行く。という選択しかなかったのです。これは、日本に帰って来た時も同じです。**この道しかなかったのです。**

七高僧《しちこうそう》の一人、インドの龍樹《りゅうじゅ》さんを讃えた御和讃にも、二者択一ではなく、これしかない！ということが詠われています。

龍樹大士《りゅうじゅだいじ》世《よ》にいでて
難行易行《なんぎょういぎょう》のみちおしえ
流転輪回《るてんりんね》のわれらをば
弘誓《ぐぜい》のふねにのせたまう

意訳

龍樹さんは、この世に出てこられ
迷いを超えるのには、難行と易行の道がありますよと、教えてくださった
そして、迷いに溺れる私たちは
阿弥陀さまの、必ずすくう！ という弘《ひろ》い誓いの船に乗るしかない！ と、易行の道を教えてくださった

龍樹さんの著書『十住毘婆沙論《じゅうじゅうびばしゃろん》』に説かれているのが、ここに登場する難行易行の道です。証《さと》りを求める修行者である菩薩には、五十二の段階があるとされています。一説には、東海道五十三次も、この五十二の段階からきているとか。一つ足りない？　それは〝あがり〟、ゴールです。まるですごろくみたいですが、菩薩の段階も同じです。

「ここまで進んだぞ！　オレ様すごい！」と自慢したり、また反対に「マダマダだなぁ」と卑下した時点で、いとも簡単に〝ふりだし〟に戻されます。それを「退転《たいてん》」といいますが、〝あがり〟を目指したり、〝ふりだし〟に戻されたり、ほんとすごろくのようです。しかし、この〝菩薩すごろく〟。退転しないで無事〝あがり〟（証《さと》り）に到達することは至難の業です。

なぜなら、「ヤッター！　すごい！」とか、「マダマダだなぁ」という思いは意識せずともわき上がる感情で、努力して頑張って押さえ込むことができないからです。もっといえば、当たり前の感情かもしれません。

努力し、それが報われて、菩薩の段階を上り、もうすぐで仏だ！　証れる！　と、自分が進んできた道を振り返る、すると、一緒にスタートした人たちだけでなく、先輩たちもはるか下でモタモタ。「すごい……。オレってすごい。ここまで来た！　ヤッター！」。そう喜ぶのは、当たり前のことです。

でも、ちょっと待ってください。その気持ちの底には、仲間や先輩を見下す気持ちがあるのです。その気持ちは、もれなく付いてくるといっても、いいでしょう。

「マダマダだなぁ」と思うのも同じです。謙虚に聞こえますが、根底では、他人と自分を比べているのです。つまり、他人と比べて「マダマダだなぁ」と思うのは、簡単に「オレ様すごい！」に変わります。それだけではありません。自分はマダマダだとへりくだり、卑下すること。これは、自分で自分のいのちを傷付けているのです。ね、〝ふりだし〟に戻る、ですね。

菩薩の道を進むことの難しさは、自分の努力だけでは、いかんともしがたいところにあります。つまり、努力が成り立たないのです。だから「難行」といわれるのです。これが、迷いを超える道の一つ、「**難行道**《なんぎょうどう》」です。

そして、もう一つの道、それが「**易行道**《いぎょうどう》」です。これは、「信方便《しんほうべん》の易行」ともいわれる称《しょう》名《みょう》によって〝あがり〟が我が身に成り立つ。「難行道」とはまったく逆のアプローチです。意味がわからない。そう思われるかもしれません。正直、私も理解しているかはビミョウです。もっといえば、私の価値観で理解できるようなものでもないのです。

私たちの価値観であり常識は、難行道よろしく「目的に向かって努力する」です。けれども、どうでしょうか。努力は報われますか？　成り立ちますか？　電車に乗ってA地点からB地点に行くという簡単な行動でも、成り立たないことがあります。努力してA地点まで行ったとしても、電車が動かないことは往々にして起こります。努力をすることは大事です。けれども報われる保証も、成り立つ確証もありません。たかだか電車に乗るのでもこうですから、人生において努力が成り立たないのは当然のことです。

それに対してアプローチが逆といった易行道は、「**目的が私に向かってくる**」ということです。ここでいう目的は、迷いを超える証りであり、仏です。え！　仏さんが、来てくれるの?!　びっくりしますが、ここでのポイントは根拠が違うということです。根拠とは、目的を成り立たせる根拠です。

「目的に向かって努力する」の根拠は、私です。私が努力して仏に成ろうとするのです。それに対して「目的が私に向かってくる」の根拠は、目的です。ここでの目的は、仏です。私が根拠か？　仏が根拠か？　です。

先ほどの〝菩薩すごろく〟しかり、電車のたとえしかり、残念ながら私を根拠とすることは成り立ちません。成り立たない私のために、仏が来てくれるのです。「大丈夫！　必ず迷いを超えさせるよ！」そう呼びかけてくださっているのが、称名であり、南無阿弥陀仏なのです。お念仏をいただくことで、迷いを超えさせていただく。だから「易行」なのです。

と、難行、易行の道をザクッと説明させていただきましたが、どうでしょうか？　成り立たないと聞いても、そうはいっても、やっぱり難行よねぇ。だって、カッコイイもん。そう思いませんか？　目的に向かって努力している姿は、カッコよく映るのではないでしょうか？　それがお坊さんなら、なおさらです。

実際、『十住毘婆沙論』（巻第五・易行品　第九）にも、易行を求めるのは儜弱怯劣《にょうにゃくこれつ》であって、菩薩の段階を上っていく堅い志を持つ丈夫志幹《じょうぶしかん》の言葉ではないと書かれています。儜弱怯劣とは、簡単にいってしまうと弱虫です。つまり「易行」は、弱虫がえらぶ道だと叱っているのです。けれどもその後に、どうしてもというならば、険しい陸路を歩くより船に乗って進む方が楽なように、易行があるよと説かれます。これが御和讃に詠われる「難行易行のみちおしえ」です。

金子大榮はその著書『高僧和讃講話　上巻』（彌生書房）で、興味深い指摘をしています。「みちをとき」（道を説き）ではなく、「みちおしえ」（道教え）になっていることに注目し、教えの大事さを次のように記します。こうしなさい、ああしなさいと指示を出すのが教えではなく、これより他にない！　ということを身をもって感じられたことが、後の世の者にとって教えになる、と。

ここでいうと、**易行しかこの身に成り立たない！　易行しかない！**　この事実に、龍樹さんも、親鸞さんも立たれた。これより他にない！　と身をもってハッキリと知られたということです。だから、「難行易行のみちおしえ」なのです。

どういうことかというと、迷いを超えるのに、難行、易行の二者択一ではないということです。どちらかをえらぶのではなく、私たちには、難行しかないのです。成り立たないとわかっていても、頑張るしかないのです。そうして尽くし切って、いよいよ成り立たなくなって、もうアカン……。そうして絶望し、自分の思いが行き詰まったその先に、開かれるのが易行です。

努力してエライ人になって、優しい人になって、すくわれていく教えではないのです。努力してもエライ人になれず、優しくもなれず、何なら、お世話になっている教授でさえ、お尻ペンペン（しかも、バットで！）しようと思う、この私をすくうための教えなのです。まさに、**傍弱怯劣の弱虫で、流転輪廻に迷い沈んでいる私のための教えなのです。**

と、いうことで！　人生の分岐点。どう道をえらぶ？　**えらぶことなど、できないのです。**えらんだと思っても、それは真のえらびではなく、その時の自分にとって都合のいい方をえらぶテンポラリー、仮のえらびです。ですので、どちらをえらんでも仮ですから同じことです。大差はありません。もっといえば、えらべる内は、本当の分岐点に立っていないのかもしれませんね。

5. 居場所がない

@『浄土和讃』

「居場所」って、どこでしょう?

「ここが居場所だ、落ち着く」。馴染みのお店などで、よく聞かれる言葉です。確かに落ち着く場所なのでしょう。しかしそれは、お金を払うお客さんだから快く迎え入れられるのであって、お金がなければ暖簾をくぐることさえ出来ません。では居場所とは、どこなのでしょう? 滞在時間で計るのなら、学校や職場かもしれません。しかし学校も、卒業してしまうとなかなか教室まで入ることは出来ませんし、たとえ入ったとしても「誰ですか?」と聞かれるのが関の山。職場もしかり。退職して手土産の一つでも持って訪ねたなら、迎え入れてもらえるかもしれません。しかし、油断は禁物。まかり間違って小一時間もいれば、早く帰ってくれとのプレッシャーをヒシヒシと感じることでしょう。家族よりも長い時間、顔を突き合わせていた同僚であり、働いていた場所であっても、もうそこに私の居る場所はないのです。では、家庭でしょうか? そうだったら、いいですね。しかし悲しいことですが、そうじゃない時もあります。では、**居場所って、**

どこでしょう？

ちょっと話がそれますが、「心身ともに健康に」などという「心身」。今は「心」が先ですが、明治時代初め頃までは「身心」だったと聞いたことがあります。実際、お経さんでは「身心」と説かれていることが多いです。

たとえば、浄土真宗において大事にされている三つのお経さんの内のひとつ、『仏説《ぶっせつ》無量寿経《むりょうじゅきょう》』。これは、お釈迦さまがインドの耆闍崛山《ぎじゃくっせん》で、菩薩や修行僧に対して行われた説法の記録です。

悲しみ苦しみ悩む中で、まるで溺れそうになりながら生きてる私たちをすくうのは、必ずすくう！　という阿弥陀さまの「誓」いであり「願」いだと説かれています。その阿弥陀さまの「誓《せい》願《がん》」は四十八個あり、**四十八願《しじゅうはちがん》**といわれています。その三十三番目、「触光柔軟《そっこうにゅうなん》の願」または「摂取不捨《せっしゅふしゃ》の願」といわれる願に、この「身心」が登場します。

「設我得仏《せつがとくぶつ》、十方《じっぽう》無量《むりょう》　不可思議《ふかしぎ》　諸仏世界《しょぶつせかい》　衆生之類《しゅじょうしるい》、蒙我光明《むがこうみょう》、触其身者《そくごしんしゃ》、身心柔輭《しんじんにゅうなん》、超《ちょう》過人天《かにんでん》。若不爾者《にゃくふにしゃ》、不取正学《ふしゅしょうがく》」。

「法蔵《ほうぞう》菩薩の私が、仮に阿弥陀如来という仏さまになることができたとしても、生きとし生ける全ての人々が、光で表される仏さまのはたらきに触れることで、身心共に柔らかく素直に自分自身と他者、全ての物事に対して向き合うようにならなければ、誓って仏さまの覚りを得ることは致しません」。

つまり仏さまのはたらきに出遇うと、身心共に柔軟になるというのです。柔軟とは、軟弱という意味ではありません。**自分の思いや考えを「絶対に正しい！」と握りしめない**ということです。

恋愛編「関係が長続きしない」の文中でも紹介した「会」「合」「逢」「遭」そして「遇」の違い。最初の四つの漢字は、自分の都合に合うか合わないか。そんな自分の思いが、基準になっています。自分の思いを握りしめているという点では、まさに柔軟ではない状態です。これに対して「遇」は、自分の都合や思いを超えた出遇いです。「教えに出遇う」といった時、この漢字を使うのは、教えによって柔軟な身心をいただくことを思うと、改めて、なるほど！と思います。

そして、この身心。「身」が先というのも、なるほど！と思ってしまいます。というのも、**「心」は誤魔化せる**のです。「大丈夫。何でもない。ここを居場所として頑張るよ」。そう、自分で自分に嘘がつけるのです。けれども「身」は正直です。私自身二十九歳の時、アメリカに家出をしました。何があったのか？　簡潔にいうと、お見合いから逃げたかったのです。え？　そんな事で？　と思われるかもしれません。けれどもその当時の私にとっては、切実な問題でした。正直にいうと、お見合いが嫌だったのではなく、他者によって自分の人生を決められることが耐えられなかったのです。ここでいう他者というのは、両親です。

初めてのお見合いは、二十歳になるかならないかの時でした。「あなたは可愛くもなければ、賢くもない。おまけに背も高い。唯一の取り柄は若さです。その若さがある内に結婚しなさい」。

母の一声で始まったお見合い。嫌だ嫌だと断り続け、私が二十五歳になった時には、「唯一の取り柄であった、若さもなくなった。だから早く結婚しなさい」と拍車がかかりました。二十八歳になった時には、「この歳になって、嫁にも行かないのは家の恥。何か恨みでもあるのですか、親を殺したいのですか」と、滂沱の涙。

その頃です。私の耳が聞こえなくなったのは。大きな病院でいろいろな検査をしてもらい、その結果を聞きに行った日。好青年を絵に描いたような先生は、声を潜めて仰いました。「僕の友達に、いい心療内科の先生がいるから紹介するよ」と。そうなんです。聴力に問題はなく、押さえ込まれ、大丈夫だ、これくらい問題ない、上手くやっていけると、自分自身に騙され続けた「心」が、「身」、つまり身体に表れたのです。**「身」は正直です。**

別に両親を擁護するつもりはありませんが、両親も悪気があって言ったわけではないのです。さすが親です。自分の娘の器量をわかって、幸せになって欲しい、良かれと思って言ってくれていたのです。結果、自分の考え方が正しい、経験もある、そして何より親だから絶対だ！　そう握り、正義を振りかざした。だから私も頑なになり、絶対に嫌だ！　と私の正義で対抗した。争いというのは往々にして、正義と正義がぶつかって起こるものです。そこに、柔軟さはありません。争うことに疲れ、耳も聞こえなくなった私は、そんな地獄のような環境から亡命するような思いで海を渡りました。

それから十七年後の昨年の夏。久し振りに、アメリカはサンフランシスコに行って来ました。私が日本に帰国した後も毎月続けてくれている「サンフランシスコ写経の会」に顔を出すのが目的でしたが、バケーションのつもりでした。しかし、ありがたいですね。私が来るのならと、「サンフランシスコ写経の会」主催で講演会を、また日本町にある紀伊國屋さんでは、私の著書のサイン会とトークイベントを企画してくださいました。それだけではありません。友人からは、亡くなった父の法事をして欲しいと嬉しいお声がけ。三つ折りに出来る簡易の御本尊とお経本、そして法衣などを持って行きました。

数年振りに歩く、懐かしいサンフランシスコの街。しみじみと不思議だなぁと思いました。家出をしてアメリカに着いた時、そこは明らかに私の居場所ではありませんでした。親戚も家族もいない、何のルーツもない、おまけに英語を聞き取れず、話すことも出来なかった私は、stranger（よそ者）でした。私が忽然と消えても、誰も気付かない。そして、悲しまない。

その場所が今、居場所になっている不思議。私の訪問を喜び、温かく迎えてくれる人たちがいる。私が尽くせる場も整えてくださっている。日本に帰って七年が経っても、十年近く暮らしたサンフランシスコは、変わらずに私の居場所だったのです。

それだけではありません。サンフランシスコ滞在の最終日、日本に台風が上陸するということで、翌日のフライトがキャンセルになりました。滞在が一日、伸びたのです。それを知った時、

「早く京都に帰りたい」と思いました。そして、そう思った自分自身に驚きました。日本に帰国して七年、京都も私の居場所になっていたのです。正直、楽しいことばかりではありません。けれども、私が尽くせる場となっていたのです。未知の土地だったサンフランシスコも、地獄だと思っていた京都も、いつしか私の居場所になっていたのです。

と言いましたが、実はこれらはとっても危うい居場所で、真実ではありません。なぜなら、たまたま条件が整って、私にとっての心地よい場所になっているだけなのです。

日本に帰国してからのことをいえば、全力でサポートしてくれる両親、温かく（アツく？）応援してくれるご門徒さんたち、ご縁をいただいた先生や先輩、そして仲間たち。皆さんが、背を押し、手を引っ張ってくださるから、何とか歩めているのです。そしていつしか、地獄だと思っていた場所でさえ、居場所と思える、辛くても尽くしていける場所に変わったのです。それはたまたま、周りの人たちに恵まれただけのことなのです。これらの方たちとの出遇いがなければ、ひょっとしたら、アメリカに帰っていたかもしれません。

つまり居場所になるか、ならないかの判定の基準、根拠となっているのは私の都合であり、気分であり、思いなのです。ですので、居場所だった場所が、簡単に居場所ではなくなることもあるのです。なぜなら、支えてくれる人がいる場所が、居場所。居心地がいい場所が、居場所。居場所を自分の価値観で決めつけ、握っているからです。それは、自分の都合に振り回されているにすぎないのです。まさに、柔軟ではない身心です。では真実の「居場所」とは、どこにあるのでしょうか？

実はお経さんに、この「居場所」が説かれています。どのように説かれているかというと、「国」としてです。生きとし生けるもの、全てをすくいたいとの阿弥陀さまの「願」いと「誓」い。願いが生み出したのが誓いであり、その誓いが実現したのが阿弥陀さまの国土であり、お浄土です。つまり「国」として表される「居場所」の根拠となっているのは、阿弥陀さまの「誓願」です。

『仏説無量寿経』に説かれる、四十八の誓願。これは、修行僧だった法蔵さんが立てた誓いです。これらの誓いが成就したことにより、法蔵さんは阿弥陀如来という仏になります。この誓願を立てる前に、「どんな国をつくればいいかわかった！」と法蔵さんが言います。

「我《が》已《い》摂取《せっしゅ》　荘厳仏土《しょうごんぶつど》　清浄之行《しょうじょうしぎょう》」（「我すでに荘厳仏土の清浄の行を摂取しつ」）がそれです。

それは法蔵さんの中に、願いが起こった瞬間です。そして、この後に誓いが立てられます。願いによって誓いが生み出される、そしてその誓いが実現したのが、法蔵さんの言う「荘厳仏土」といわれるお浄土です。

「荘厳」とは、形がないものが形をとったということです。お寺の本堂や、お仏壇もそうです。目に見えないお浄土を、目に見える形として表してくださった。お浄土というのは、実際の国のように国境があって「コッチから先がお浄土です」と、区切られた場所を指すものではありません。もしそうだったら、国境を越えるのにパスポートがいる等、いろいろな条件が加わります。それだけでなく、国境の周りは入国できない人たちで溢れてしまうかもしれません。法蔵さんが誓った国土は、「生きとし生ける全ての人々」のための国です。パスポートを持った人だけを入国させる、とは仰っていないのです。

　荘厳という言葉で表されるように、形のないものが形をとることの意味。それは、形を通して出遇って欲しいということなのです。

　では、何に出遇って欲しいのか？　それは、願いです。法蔵さんが阿弥陀如来に成ることで成就した、願いと誓いです。四十八個もあるから、正直、よくわからない。そう思われるかもしれません。粗々とした言い方になってしまいますが、四十八個の誓願を一言でいうと、「あなたをすくう」、つまり「この私をすくう」ということです。それを手を替え品を替え、一人ももらさないために、言葉を尽くしてくださった結果、四十八個になったのです。

安楽仏土《ぶつど》の依正《えしょう》は
法蔵願力《がんりき》のなせるなり
天上天下にたぐいなし
大心力《だいしんりき》を帰命《きみょう》せよ

意訳

本当の安らかな楽しみに包まれたお浄土の仏さまと菩薩とその荘厳は
法蔵菩薩の願いのはたらきによって成就されたものです
目に見えない願いが形となったお浄土は、他にくらべるものがありません
このようなすぐれたはたらきをもってお浄土をつくられた阿弥陀さま（法蔵菩薩の願いが成就し阿弥陀如来という仏さまになった）を真の拠り所とすべきです

これは、お浄土という国ができたのも、そのお浄土に生まれることができるのも、全て法蔵さんの願いのはたらきのお蔭です、と法蔵菩薩のはたらきとお浄土を褒め称えられた御和讃です。

私たちにとって真実の居場所としてのお浄土は、私の都合や気分に左右されることなく、法蔵さんの誓願によって成り立つ国土です。真実の居場所。私のためのお浄土をつくってくれた法蔵さんの願いを思うとき、そこにお浄土は存在します。居場所は、今、ここに、あるのです。もっと踏み込んで言えば、どこにいても、どんな状態であっても、仏さまを念じた時に、今、ここに、来てくれるのがお浄土です。たとえ自分にとって都合の悪い状況に置かれていても、悲しく、辛い気持ちであっても、逃げ出したいと思うような環境でも、その場所が、居場所となるのです。居場所は、どこか遠くにあるのでも、お金を払って得るものでも、ないのです。法蔵さんが阿

弥陀如来となって成就してくれた、私のためのお浄土。その「仏」さまのお心を「念」じる。南無阿弥陀仏と、阿弥陀如来を帰命しますと「念仏」することで、今、ここがお浄土に転じる。それが、真実の居場所です。

ついつい、アツく語ってしまいました。で、結局、真実の居場所がお浄土って、どういうこと？　今、我慢して、死ぬのを待てってこと？　と、思われる方がおられるかもしれません。早まるな！　お浄土行きたさに、急いで死ぬ必要はありません。そもそもお浄土は、死んでから行くところではありません。今を生きる私たちに、いのちの方向性を与えてくれるのがお浄土です。

よくわからないし、正直、納得もできないけど、真実の居場所としてのお浄土がある。この私が生まれる前から、この私のために、法蔵さんが願ってくれていたらしい。という事実を知ることと、その事実から目をそらし、自分の都合で「ここが居場所だ」「居場所がなくなった」「居場所はどこだ」と右往左往すること。この二つの間には、大きな違いがあるのではないでしょうか。

「居場所がない」と嘆くことも、「居場所がどこだ」と探す必要もないのです。**今、ここが、本当の安らかな楽しみに包まれた「安楽」な真実の居場所となるのです。**

6. 何をする気もおこらない

@『高僧和讃』天親さん

わかる〜。することも、しなきゃイケナイことも、たくさんあるのに。なぜか、やる気が起こらない。やる気どころか、何をする気もしない。ただ、ぼ〜っとして、時間だけが過ぎていく。そういうこと、あります。誰か、私のやる気スイッチを押して！　とも思ったりしますが、そもそも私にそんなスイッチがあるのかも疑問。

さて、この「何をする気もおこらない」問題。実は、いろいろなパターンがあります。

① やらなきゃイケナイことが、何かはわかっている。でも、やる気がない。
② 何をやらなきゃイケナイかさえ、わからない。ただ、やる気がない。
③ やる気がないことを全力でアピール！　引きこもる。

①の定番は、テスト前に急に部屋の掃除を始めたり、机の上を整理したり……。やる気の方向性が違うパターン。なぜか、やらなきゃイケナイことと限定で、やる気が起こらない。

②は①より頻度は少ないですが、私の場合、突発的にやってきます。忙しくしているとか、頑張っているとか、そういうこととは関係なしに、ふと心に吹く風。空しい、との思い。**何をしても空しい**。その思いが、やる気を吹き飛ばし、心が渇いてしまいます。

③は、まだ経験がありません。けれどもある意味、アメリカに家出をしたというのは、引きこもりの変化形かもしれません。

思いつくままに三つのパターンの「何をする気もおこらない」を書き出してみましたが、この他にもいろいろあると思います。そもそもパターン化するのも、どうかと思います。人それぞれ、また時期によっても、環境や出会う人たちとの縁によって、十人十色、その時々の、やる気のなさがあると思います。ですので、やる気のなさを病気にたとえた時、その病気の種類はさまざまになります。けれども、それに対する薬は、ひとつです。

親鸞さんは『高僧和讃《こうそうわさん》』の中でインドの天親《てんじん》さんが明らかにしてくれたこととして、こんな御和讃を詠っています。

本願力《ほんがんりき》にあいぬれば
むなしくすぐるひとぞなき
功徳《くどく》の宝海《ほうかい》みちみちて
煩悩《ぼんのう》の濁水《じょくしい》へだてなし

意訳

阿弥陀さまのはたらきに出遇ったならば
空しくいのちを終えることはありません
阿弥陀さまのはたらきが、迷いの中にいるこの私の身に満ちみちて
煩悩が決して支障にはなりません

「本願力にあいぬれば」で始まっているこの御和讃。親鸞さんは、その著書『一念多念文意《いちねんたねんもんい》』で、「遇《ぐ》は、もうあうという。もうあうともうすは、本願力を信ずるなり」と著しています。ですので、意訳では「出遇う」としましたが、これは「信じる」という意味です。じゃあ意訳に「信じる」と書けばいいのに、そう思われるかもしれません。

でも、正直なところ、私はこの信じるという言葉を聞くと、ちょっと心が離れてしまうのです。

「信じる者はすくわれる」じゃないですが、信じる人、つまり、私の言うことにＹＥＳと言う人

だけをすくうの？　と思ってしまい、ドン引きとまではいきませんが、心が距離をとってしまうのです。まぁ、へそ曲がりなだけですが。でも、親鸞さんが言う「信じる」は、ちょっと違うのです。

同じく『一念多念文意』に、こう書いておられます。「きくというは、本願をききてうたがうこころなきを聞《もん》というなり。また、きくというは信心をあらわす御《み》のりなり」とあります。ですので「聞」＝「信」です。先ほどの親鸞さんの言葉と合わせると、「聞」＝「信」＝「遇」となります。そして、その三つに貫かれているのは「うたがうこころなき」なのです。

疑う心が無いというのは、スゴイ言葉です。親鸞さんは主著『教行信証《きょうぎょうしんしょう》』の信巻に、唐の智《ち》昇《しょう》が著した『集諸経礼懺儀《しゅうしょきょうらいさんぎ》』を引用し、「無《シ》三有《コト》二疑心一」（疑心あることなし）と記しています。ここで注目して欲しいのは、「**無疑**」という言葉なのです。

疑うことが無いのです。「不疑」ではないのです。「不疑」だと、疑わないようにするという意味になります。つまり、お腹の底からは信じていないのです。頭で信じようとする。もっといえば、信じた方が自分にとって都合がいいから信じておく。それに対して「無疑」は、疑うことが無いのです。その通りだ！　とお腹の底から頷ける。膝を打つというか、ハッキリとそうだと知らされる。

ですので親鸞さんは、「**信知**《しんち》」という言葉を使われます。**ハッキリと知りました**という意味です。まさに「無疑」です。

と、ついついアツく語ってしまいましたが、「阿弥陀さまのはたらきに出遇ったならば」は、正しくは「阿弥陀さまのはたらきを信じれば」という意味です。そしてこの「信」は、私たちが考える「信」とは違うのです。

それはわかったけれど、それと「何をする気もおこらない」問題がどう関係するの？　そもそもこの御和讃が、なぜ唯一のお薬になるの？　そうですね。仰る通りです。もう少し、お付き合いください。

阿弥陀さまのはたらきを、疑いなく、ハッキリと知ったらどうなるのか？　この続きから、先に話をさせてください。意訳では、「空しくいのちを終えることはありません」としました。つまり阿弥陀さまのはたらきは、「**あなたのいのち、決して空しく終わらせません！**」なのです。御和讃に「宝海」という言葉があります。親鸞さんは、「宝海ともうすは、よろずの衆生をきらわず、さわりなく、へだてず、みちびきたまうを、大海のみずのへだてなきにたとえたまえるなり。この一如宝海よりかたちをあらわして、法蔵菩薩となのりたまいて、無碍《むげ》のちかいをおこしたまうをたねとして、阿弥陀仏と、なりたまう」と『一念多念文意』に記しています。

大行寺の御本尊の阿弥陀さまは鎌倉時代の仏師、快慶作の阿弥陀さまで、とても美しいです。

今、阿弥陀さまと聞くと、皆さんそれぞれにお姿が浮かんだと思います。木像や絵像として、目に見える形をとっていますが、本来、形はありません。目に見えない「はたらき」なのです。その「はたらき」が、ここでは「宝海」として表されています。

「宝海ともうすは、よろずの衆生をきらわず、さわりなく、へだてず、みちびきたまう」。生きとし生けるもの全てをえらぶことなく、どんなものも導きすくうはたらきを、阿弥陀さまと呼ぶのです。

そして、そのはたらきと出遇うと「煩悩の濁水へだてなし」となるのです。これは、どういうことか？　ちょっと想像してみてください。バケツに入った濁った水。すっごく汚い水です。これを海に流したら、どうなるか？　本当は、こんなことしちゃダメですが。でも、したとしましょう。そして、海に捨てた水をもう一度バケツに戻そうと思ったら、どうでしょうか？　出来ませんよね。海の水と一緒になってしまって、どれが海の水で、どれが汚い水かわからなくなってしまっています。

それと同じく、阿弥陀さまを信じることで、その功徳が「宝海」となって私たちを満たし、私たちの煩悩を包み込んでしまうのです。つまり、**煩悩も障《さわ》りとはならなくなるのです。**さまざまな煩悩が障りとなり、ともすれば「むなしい」との思いを抱えることがあったとしても、バケツに入った汚れた水のような煩悩が、海の水にたとえられる阿弥陀さまのはたらきと出遇うことで

「煩悩の濁水へだてなし」となるように、煩悩が障りとならなくなるのです。だから、「むなしくすぐるひとぞなき」となるのです。

Ｏｋｅｙ！　意味はわかった。そして、その根拠もわかった。「あなたのいのち、決して空しく終わらせません！」という阿弥陀さまのはたらきが、今、この私にはたらきかけていることもわかった。ありがたい。しかもタダだ。

が、しかし！　私は今、何をする気もおこらない。おまけに、空しい。やる気のなさはさまざまだけど、それに対する薬はひとつ。その薬として紹介された、この御和讃。私には、全く効き目がないんだけど。そう思っておられるかもしれません。確かにそうです。なぜなら、私自身がそう思ったからです。

皮肉なものです。実はこの文章を書いている時に、②が襲ってきたのです。正確には①が来て、②でトドメ。

今回の出版のお話をいただいた時、本当に嬉しかったんです。いろいろな繋がりの中で、いただいた御縁。担当の編集者さんが「**英月節**」と表現されました。英月節を聞きたいと。びっくりしました。実は、いつもお世話になっている大学の教授も、同じことを仰るのです。そんなことを言ってくれる方が、他にもいてくださること。それが、とっても嬉しかったのです。内容は、話し合って、御和讃に決まりました。

　原稿を書くには、まず御和讃に向き合い、根拠となったお経さんやお経さんの注釈書を読み、関連する他の書物を探します。幸いにして大学の図書館や研究室が利用できるので、資料には困りません。ちなみに今も、大学の図書館にいます。もう、楽しくて仕方ないんです。小さな発見や、いろいろな気付きがあって、どんどん海に潜っていく感じで。って、スキューバダイビングはおろか、ビート板がないと泳げませんが。まぁ、いいとしましょう。とにかく、楽しくて。それだけじゃなく、このような機会をいただけたこと。我が身の幸運に、ありがたいと心の底からしみじみ思います。思ってるんです。しかもイヤなことをしているのではなく、楽しいことなのに……。だけど……。なぜか、動かない。指が動かない……。と、①がやって来たのです。

　私の場合、逃げるのは食べることと相場が決まってます。おまけに友人たちが、「執筆がんばって！」と、クッキーを焼いてくれたり、お菓子や果物を送ってきてくれたり。お蔭さまで、身も心も満たされましたが、肝心の原稿が進まない……。と思っていた時に出てきたのが、「何をする気もおこらない」のテーマ。私自身にとって、どうなのか？　自分がこの状況に置かれたとき、どう感じ、どうなったか？　そこに阿弥陀さまの教えは、どうはたらいたのか？　と、テーマに向き合っていたら……。まさかの、ミイラ取りがミイラになってしまいました。そう、②にガッツリやられてしまったのです。

　この原稿の前半部分は書けていたので、私自身が何度も読み返し、ここに答えがあるじゃない。

そう、自分自身に言い聞かせました。**頭ではわかりますが、「そうだったのか！」とまではならない。**親鸞さんでいうところの、「信知」とはならないのです。

その間にも、やらなきゃ、やらなきゃ、とその気持ちだけが、雪が降り積もるように自分の中で重なり、身動きがとれなくなっていきます。実は、「何をする気もおこらない」のが問題ではなく、「何をする気もおこらない」状態から抜け出せないことが問題になってしまっているのです。「お腹が減った」のが問題ではなく、「お腹が減った」状態から抜け出せないことが問題と思う。それって、おかしい。というか、ややこしい！「お腹が減った」のが問題なら、食べればいいのです。「何をする気もおこらない」のなら、何もしなければいいのです。シンプルです。

その結果、③のように引きこもってしまうことになっても、いいのです。「引きこもる」ことは、問題ではないのです。「引きこもった」状態から抜け出せないことを、問題だと思うこと。**「引きこもる」ことがダメだ、そんなことをする人間はダメだと、自分の考えを握ることが問題なのです。**

今回、私自身が「何をする気もおこらない」にドップリはまり、改めてこの御和讃の力を知りました。確かに、この御和讃やその内容を知ったところで、「今日からハッピー」とはなりません。けれども、親鸞さんの御和讃でいえば「むなしくすぐるひとぞなき」なのです。私がどれだけ空しいと思っていても、決して空しく終わらせません！という阿弥陀さまのはたらきが、私の思いを超えて存在しているのです。その真実を知ることで、安心して空しくなれるのです。ジタバタせずに、空しくなれるのです。それは絶対的な安心感の中の、空しさです。どれだけ精神的に落ち込み、沈んだとしても、必ずこの私をすくいあげてくれるはたらきがある。これが、お薬です。

お薬というのは言葉を変えれば、阿弥陀さまの智慧をいただくということです。それによって私が阿弥陀さまになるというわけではありません。私は、私です。御和讃の言葉でいえば、濁水に満ち溢れています。つまり、置かれている状況によっては「空しいいのちだな」と自分のいのちを判断することもあるのです。けれども智慧をいただくことによって、阿弥陀さまの「あなたのいのち、決して空しく終わらせません！」というはたらきに出遇うことができるのです。

もし今、私がそうであったように、雪が降り積もるように、やらなきゃ、やらなきゃと、自分の中で重なっていく気持ちに押し潰され、身動きがとれなくなっているのなら。これだけは、覚えておいてください。雪を解かすのは、日の光です。残念ながら、自分の力では限度があります。たとえあなたが、引きこもっていたとしても、**自分を責める必要はありません**。ましてや、周りにいる人たちのせいでこうなったと、**周りの人たちを責める必要もありません**。誰のせいでもないのです。だからといって、褒められることでもありません。引きこもっている、その事実があるだけです。そして、そのいのちもまた、「むなしくすぐるひとぞなき」と、なるのです。日の光である、阿弥陀さまのはたらき、本願のはたらきに出遇うことができれば。

「本願力に遇いぬれば　空しくすぐるひとぞなき」です。大丈夫です。

7. 病気がちで苦しい

@『高僧和讃』曇鸞さん

アメリカに住んでいた頃、決まったように一シーズンに二回、酷い風邪をひいていました。ある時などは、お医者さんをしている友人が、職場まで注射を打ちに来てくれたこともありました。助かりましたが、びっくりしました。日本じゃ、ちょっと考えられませんよね。余談ですが、アメリカで風邪といえば、チキンヌードルスープです。日本で病気になったら、お粥さんを炊くように、アメリカではこのスープ。缶詰もありますが、寝込んでいると友人が作って持って来てくれました。それと、オレンジジュースとスポーツドリンク。風邪のお見舞いは、決まってこの三つでした。嬉しいですよね、誰かに気にかけてもらえるというのは。しかも病気の時なら、なおさらです。おまけに、そこにアイスクリームが加わると、なおさらです。

さて、決まった行事のようにかかっていた、年二回の風邪。それだけでも大変だったのに、病気がちとなると、体だけでなく、その心労はいかばかりかと思います。

実は病気の大変さは、病気自体の問題に留まりません。恋愛編の「パートナーが浮気をした！」でもお話ししましたが、「言葉に迷い」、苦しむのです。**つまり「病気」という言葉に縛られてしまうのです。**家族に迷惑をかけてしまう。休みがちになると職場での立場が悪くなる。等々、病気から連想される言葉に、押し潰されてしまうのです。なので「病気の事実」＋「病気という言葉に迷う」のダブルパンチです。

だからでしょうか。世間には「健康」が溢れています。テレビをつけても、新聞を開いても、そこには健康をうたう商品ばかりです。健康でなければ人でない。まるで、「健康」が正義だと言わんばかりです。

かく言う私も、半年くらい前でしょうか。いろいろなことが重なり、一日二十四時間じゃ絶対ムリ！　時間がナイ！　と追い込まれた時がありました。だからといって、誰かがオマケをして、一日を四十八時間にしてくれるハズもなく。決められた時間内で、やりくりしなければなりません。すると必然的に、日常生活での時間を削ることになります。つまり、睡眠です。しかし削るといっても、限度があります。そこで、ふと思ったんですね。「どこかに、寝なくても大丈夫なお薬って、ないかな？」。

私は大真面目でした。真剣に、そう思ったんです。思った後に、ハッとしました。**そして、ゾッとしました。**自分の体を、自分の思いを遂げる道具にしてしまっていると。まるで多少乱暴に扱っても壊れない車のように、酷使している。

しかも健康なのは当たり前、病気でもすれば役立たず。ポンコツ扱いです。他でもない自分自身のことですが、痛ましいなと思います。

そんな私自身を擁護するわけではありませんが、今から千五百年ほど前の中国で、こんなことがありました。親鸞さんが七人の先輩として挙げる七高僧《しちこうそう》の一人、曇鸞《どんらん》さんの、実際にあったエピソードです。

親鸞さんは『高僧和讃《こうそうわさん》』で、こう詠っています。

本師《ほんじ》曇鸞和尚《かしょう》は
菩提流支《ぼだいるし》のおしえにて
仙経《せんぎょう》ながくやきすてて
浄土にふかく帰《き》せしめき

意訳

私にとって大切な師である曇鸞さんは
菩提流支の教えにより
これまで学んできた仙術《せんじゅつ》の書をいさぎよくやきすて
阿弥陀さまのお浄土の教えに深く帰依されました

エピソードとは、こうです。中国の北魏（三八六〜五三四年）の時代に、中国の北方に生まれた曇鸞さん（四七六〜五四二年）。『大集経《だいじっきょう》』という、全体で六十巻もある膨大なお経さんの注釈書を作ろうと思い立ちます。しかし、がんばり過ぎたのか体を壊してしまい、志半ばで断念せざるを得なくなります。これは、ツライ。

その時、思ったんですね。「仏教に尽くし、向き合うためには、何においても健康でないとダメ！　しかも、長生きしないとダメ！　もし、病気になったり、若くして死んでしまったりしたら、何もできない」って。私の想像ですが。でも、あながち間違ってもいないと思うのです。その証拠に、病気から快復した曇鸞さんは、陶弘景《とうこうけい》という道士の許を訪ねます。陶さんは、健康になる方法や長生きする方法を教えるエキスパートでした。『大集経』の注釈書の続きに取り組むのではなく、真っ先にそこに行くというのは、**何においてもまず健康！**　と思ったんでしょうね。病気になったことが、よほど辛かったのかもしれません。だからこそ頑張ったのでしょう、仙術の奥義を究めます。さしずめ、免許皆伝です。そして陶さんから「仙経」という、無病長寿の方術を説明した書籍十巻を伝授されます。スゴイぞ！　曇鸞さん。

そうして、意気揚々と自分の寺へ帰る途中のことです。都の洛陽《らくよう》に立ち寄った時に、北インドから中国に来て、経典の翻訳に従事していた、菩提流支《ぼだいるし》さんと、たまたま出遇います。

手に入れた「仙経」が嬉しくてたまらない曇鸞さんは、十巻の書を示し、「この書物に説かれているような、健康で長生きする術を教えるものが、仏教の中にあるかね？」と尋ねました。今でいうところの、上から目線です。すると、なんと菩提流支さん。地面にツバを吐いたというのです。これは最大の侮蔑です。そして「あなたが誇る『仙経』に、真実の不死の法は説かれていない。真実の不死の尊い教えは、ここに説かれている！」と言って、『仏説観無量寿経《ぶっせつかんむりょうじゅきょう》』というお経さんを授けられたのです。

ここでびっくりなのは、曇鸞さんです。言い返さないのです。自分が大切にしているものを否定されたら、普通、怒りますよね。相手が正しいとわかっていても、一度握った自分の考えは、なかなか手放せないものです。けれども曇鸞さん、アッサリ手放します。それだけでなく、「仙経」をその場で焼き捨てたというのです。

何も燃やさなくても……。と思いますが、それだけ教えに真剣だったのだと思います。もっといえば、自分のいのちに真剣だったのです。教えは理論武装して相手を言い負かすためでも、自分を偉く見せるためのものでもないのです。自分のいのちに関わることだから、自分が知りたい。

だから偽物を握っていると知ったら、迷うことなく手放せるのです。

さて、キレイサッパリ「仙経」を焼き捨てた曇鸞さん。菩提流支さんにもらった『仏説観無量寿経』に学びます。実は、この焼き捨てた時が、曇鸞さんの人生のターニングポイントとなります。曇鸞さんを追いかけるドキュメンタリー番組なら、ここが最大の見せ場！ 葉加瀬太郎さんのバイオリンの音も高らかに、熱を帯びるところです。なぜか？ 曇鸞さんの生き方が、根本から転換されたからです。ちなみにそれを、「**回心**《えしん》」といいます。

まずは、それまでの曇鸞さんの人生を、振り返ってみましょう。

六十巻からなる『大集経』の注釈書にチャレンジ！ 膨大な量だけど、頑張れば出来るハズ！

↓ アッサリ病に倒れてしまう ↓ 復活 ↓ とにかく、健康で長生きが大事だよね！ ↓

陶弘景さんに、無病長寿を学ぶ。頑張って学べば、健康で長生きになれるハズ。何事も努力！

↓ 「仙経」ゲット！ 努力は報われる！ ↓ 菩提流支さんに出遇って『仏説観無量寿経』をもらう ↓ え？ 何？ このお経！ ここには、真実の不死の教えが説かれてる！ ↓ 「仙経」を焼く ⇧**イマココ**

かなりザクッとですが、こうして見ると曇鸞さんって、すっごく努力の人ですよね。教えにも一生懸命、健康にも一生懸命。ストイックです。まるで努力が服を着ているようですが、私たちの周りにもいますよね。バリバリ仕事をして、ジムにも行って、努力すれば出世する、努力すれば健康を保てる、努力すれば報われると、頑張っている人。そう思うと、千五百年前の曇鸞さんが、ちょっぴり身近に感じられます。

実は、曇鸞さんの生き方が、根本から転換されたキーポイントが、他でもないこの**努力**です。やれば出来る！　頑張れば何とかなる！　そう思って尽くし続けた努力。その根拠となっているのは、他でもない自分自身です。私はやれば出来る。私が頑張れば何とかなる。それをギョーカイ用語で、「自力《じりき》」といいます。

親鸞さんは『一念多念文意《いちねんたねんもんい》』で「自力」について、こう述べています。「自力というは、わがみをたのみ、わがこころをたのむ、わがちからをはげみ、わがさまざまの善根《ぜんごん》をたのむひとなり」。「我」の連続ですね。まさに、根拠は私です。そして曇鸞さんも、まさにそうでした。そんな曇鸞さんの生き方が、根本から転換された「回心《えしん》」。親鸞さんは「回心」について、「回心というは、自力の心《しん》をひるがえし、すつるをいうなり」と『唯信鈔文意《ゆいしんしょうもんい》』に記しています。「ひるがえす」とは転換です。根本からひっくり返されるのです。つまり私を根拠としていた生き方が、ひっくり返されたのです。別の言い方をすれば、努力が成り立たないことを知ったのです。努力の人、曇鸞さんにはキビシイ言い方かもしれませんが、やれば出来る！　私ではなかったということです。**頑張っても何ともならないこともある、ということです**。そのことを骨身にしみて、ハッキリとわかった。私は根拠たり得ない。根拠は、阿弥陀さまだった。それが「回心」であり、象徴的に表されているのが、この御和讃で詠われる「仙経ながくやきすてて」です。

健康で長生きといっても、何年でしょうか？　長くても、二百年は生きられません。結局のところ、量を比べているのに過ぎず、またそれは、決して満足ということはありません。たとえ五百歳生きたとしてもです。曇鸞さんでいえば、せめて『大集経』の注釈書が完成するまでは生きていたい。そう思うでしょう。そして、それが完成したら、次はあのお経さんの注釈書を書きたい。そう思ったとしても、不思議ではありません。つまり長く生きたとしても、迷いが深まるだけで、根本的な解決にならないのです。

だから菩提流支さんは、「『仙経』には、真実の不死の法は説かれていない」と言ったのです。代わりに曇鸞さんに授けた『仏説観無量寿経』。このお経さんでは、量ることの出来ない、量に関係の無いいのち、「**無量寿**《むりょうじゅ》」について説かれています。量に関係が無いというのは、長い短いといった長さだけでなく、健康か病気かということもです。それは、「いのちそのもの」といってもいいかもしれません。そして、それを説くのが阿弥陀さまのお浄土の教えです。「浄土にふかく帰せしめき」と御和讃で詠われるのは、曇鸞さんの回心であり、いのちの転換であり、すくいであったのです。

もっと踏み込んでいえば、それはいつ死んでもいい、いのちをいただくということです。アレをするまでは死ねない。コレをしてからでないと死ねない。**このままでは死ねない**。誰もが持つ思いかもしれません。正直、今の私なら、沢山の本が山と積まれ、乱雑になった部屋を掃除してから死にたいと思います。今のままでは、あまりにも恥ずかしい。でもそれは、キチッとしていたい。キチッとした人だったと思われたい、私の思いがあるのです。もっと正直な話をすれば、今、原稿を書いている、この本が出版されるまでは死んでも死に切れません。今、死ぬ訳にはいかないのです。なぜか？　いただいた御縁に尽くしたい。自分が出遇わせていただくことができた教えを、お伝えしたい。それは偽らざる思いです。

でもそれだけなら、今、死んでもいいハズです。出版されるまで見届けたいという気持ちが私の中にあるのなら、それは、世間に認められたいという気持ちがあるということです。ヤラシイ根性です。私たちは、世間に認められるために、生まれてきたのではないのです。ましてや、長生きをするため、健康でいるために、生まれてきたのではないのです。

いつ死んでもいい、いのちをいただくというのは、いつでも完結できるいのちをいただくということです。どんな状態であっても、決して未完ではないのです。**生き切ったいのちなのです。**

健康であることが当たり前であり、まるで正義のような今日この頃。けれども「いのちそのもの」、いのちの真実は、病気になるのです。自分の努力のいかんに関わらず、病気になります。たとえば、私の父は糖尿病です。世間では「糖尿の家系」「癌の家系」等と言われることがあるように、遺伝によって病気になることもあります。**つまり、いのちをいただいたと同時に、病気**

ももれなく付いてくるのです。

いのちは、いただいたと感謝できるのに、自分にとって都合の悪い病気には、なかなかそうは思えません。けれども、いのちの真実は、病気もいただいたもの、賜りしものなのです。それが、量ることの無い、ということです。その真実に、曇鸞さんも出遇ったのです。だから、「仙経」を燃やしたのです。自分の都合を握ることの痛ましさに気付き、そして、自分の都合を握り、誇っていた自分を恥じて、火にくべたのかもしれません。

「病気がちで苦しい」との問いには、本当に申し訳ないのですが、「そうですか」としか言えません。私は何もできませんし、できるとも思いません。ただ、曇鸞さんが出遇うことができた、阿弥陀さまのお浄土の教え。その阿弥陀さまを憶《おも》う時、つまり念じた時、私に何がおこるのか？そのことを詠われた親鸞さんの御和讃を紹介したいと思います。

南無阿弥陀仏をとなうれば
この世の利益《りやく》きわもなし
流転輪回《るてんりんね》のつみきえて
定業中夭《じょうごうちゅうよう》のぞこりぬ

意訳

南無阿弥陀仏を称えれば
現世の利益が無限にあります
私たちが迷う因となる罪障が消滅し
寿命であるとか、若死にであるとか、満足して死ねないあり方とされることから解放されます

「仏」である阿弥陀さまを「念」じる、南無阿弥陀仏の「念仏」をいただくところに、私たちが得られる利益《りやく》。それは、若死にして可哀想とか、病気になって不憫、そう自分自身が思ったり、また反対に思われているのではないかと、思うことからの解放です。

それは、仏を念じ、仏を思い、仏を拠り所とするところに開かれます。

これを信じなくても、いいです。頷けなくても、いいです。反発しても、いいです。ただ、「我」を拠り所として生きることが常識となっている私たちですが、「仏」を拠り所とする生き方があるという事実。そして、八百年前の親鸞さんも、千五百年前の中国の曇鸞さんも、多くの人たちが、**「仏」を拠り所として、量ることのできないいのちをいただかれた事実があったことだけは、心に留めていただけると嬉しいです。**

8. 自殺したい

@『高僧和讃』龍樹さん

私が初めて自殺をしようとしたのは、小学生の時でした。多分、五年生か六年生。ひょっとすると、四年生だったかもしれません。自殺しようと思った理由も、今となっては覚えていません。覚えているのは、校舎の見取図を描き、どこから飛び降りようかと調べていたことです。

そもそも「死ぬ」ということを理解していたのかも、わかりません。ただ漠然と、ここではないどこかに行きたかったのかもしれません。正直、学校生活は苦痛でした。特に酷いイジメに遭っていたわけではありません。しかし女子特有の皆でツルむことができず、クラスの女子の中で孤立していました。仕方がないので、休憩時間は図書室にこもり、ずっと本を読んでいました。おかげで、図書室にあった本のほとんどを読むことができました。って、ちょっと大袈裟な言い方ですが。でも、それくらい一人の時間があったのです。

こうして書いていると、蓋をしていた過去のことがいろいろと思い出されます。言っていないことを、私が言ったと言いふらされたこと。それを真に受けた大人たちから、酷い子だと罵られたこと。言葉のアゲアシをとられ、「針千本飲めば？」「いつ飲むの？」「私だったら飲んでるわ」徐々にパワーアップし、最後は「いつ死ぬの？」。それに応じて自殺しようとしたわけではありません。ただ、「自分は自殺することができる」という、**ある種の精神的な逃げ道をつくることで、安らぎを得ていたのかもしれません。**

次に自殺しようとしたのは、社会人になってからでした。福利厚生が十分すぎるほど整った都市銀行の本店に勤務し、これまた十分なお給料もいただいていました。職場には気の置けない友人が何人もいました。全てにおいて、満たされていました。けれども、私は空しかったのです。「足るを知らない子だ」と親に言われました。確かに、そうです。世間的な価値観でいえば、私は自分の能力以上のところに勤めることができ、収入も十分。食べたいものを食べ、着たい服を着る。

そんな満たされた生活でしたが、それでも私は自殺をしようとしたのです。正確には、気付いたら死のうとしていたのです。

それはお見合い問題で、一時的に耳が聞こえなくなっていた頃のことでした。仕事を終え、大阪の市営地下鉄、堺筋本町駅で電車を待っていました。たまたま列の先頭にいた私は、ホームの端近くにいました。見るとはなしに電車が来る方に目をやると、暗闇の向こうに灯りが見えます。それがだんだんと近付いてきたとき、ふと、吸い込まれるように体が前に進んだのです。「危ない！」我に返り、足に力を込め、その場に踏み止まりました。

びっくりしました。危うく死ぬところでした。その時に身に染みて思ったのは、自殺するという明確な意思がなくても、体が動き、気付いたら死んでいることもあるということです。

精神的に弱っていた私は、近付いてくる電車の灯りが「ほっ」とする温かさに感じられたのです。**飛び込めば、そこに行ける。楽になれる。**

私は自殺をしたかったわけでも、死にたいわけでもなかったのです。ただ、ただ、空しかったのです。世間的な価値観では満たされていても、そして、それが私自身、頭ではわかっていても、空しかったのです。その空しさに耐えかねて、たまたま目にした温かな電車の灯りに吸い込まれそうになっただけなのです。

そして三度目。これは二〇一〇年八月に、**十年近く暮らしたアメリカから日本に帰国した時です。**自殺という言葉は、軽々に使うものではありません。けれども私は、自殺するような気持ちで日本に帰ってきました。肉体的な死でも、精神的な死でもありません。それは**社会的な死**です。

生まれ育った日本、そして京都とはいえ、海外に長く住み、そのまま骨を埋めるつもりだった私は、日本に住む友人達とは疎遠になっていました。帰国したのは三十八歳の時でした。無職です。改めて確認するまでもありませんが、三十八歳、独身、無職、友人ナシ。社会的に、めちゃくちゃ孤立しています。おまけに、家庭環境は最悪。

「お寺が嫌だから、お姉ちゃん帰って来て跡を継いで」と言って、大量の家財道具と共に寺を出た弟夫婦。ハッキリ言って、両親は私よりはるかに弟を可愛がり、お嫁ちゃんも溺愛していました。「エリちゃん（私のことです）には悪いけど、お嫁ちゃんの方が可愛い」。平然と言い放つ親に、呆気にとられたものです。しかし弟夫婦が寺を出た後、出入りをしてくださっている業者の方たちが、「あんなに大事にしてもらっていたのに、酷すぎる……」といって、他人の家庭のことなのに、我が事のように悲しみ、両親を労り、そして男泣きに泣かれる方もいて、両親がいかに弟夫婦を大切にし、愛情を注いでいたのかを知りました。同時に、両親の深い悲しみの一端に触れた思いがしました。

と、家庭環境が最悪の状況の真っただ中に、帰国した私。もちろん、日本に帰国すると決めた時に、ある程度の予測はできました。正直な話、アメリカ生活は物心共に満たされていました。パンの一かけすら口にできない時期もありましたが、十年近く住み、贅沢とはいえずとも生活も安定していました。友達も多くいました。特に異国で出会った日本人の友達は、友達ではありません。家族でした。それほど深いところで繋がっていたのです。それだけではありません。お寺をつくることになり、それを支えてくれる仲間たちもいました。

仕事もある、家族のような友達もいる、お寺をつくるという志もある、支えてくれる仲間もいる。全てにおいて、満たされていました。今、思い返しても、多くの人たちに支えてもらっていたんだなぁと、温かな気持ちに包まれます。日本に帰国するというのは、肉体的にも、精神的にも、その温かな環境から離れるということです。そして、無職、友人ナシの環境に飛び込むということです。それはアメリカで長い時間をかけて、苦労して、ようやく積み上げてきたものを手放すということです。それは他でもない、社会的な繋がりです。だから日本に帰国するというのは、社会的な死だと強く感じたのです。自殺するような思いで帰国したと言ったのには、そのような背景があったのです。

そうして覚悟を決めて帰国しましたが、想像するのと、その場に立つのは大違い。まさか、ここまでとは……。帰国したことを後悔する心の余裕もないまま、現実の荒波に翻弄されて早八年近く、です。

でも、私は生きています。たまたま自殺をすることなく、今まで生きています。でも、どうでしょうか?

人々は自殺と聞くと、可哀想にと哀れみます。勝手に他人の人生を邪推し、判断しているのです。失礼な話です。いのちを粗末にしたと、怒る人がいるかもしれません。死人に鞭打つ行為です。それだけではありません。親が悪い、子が悪い、兄弟が悪い。大切な家族を喪って悲しみのどん底にいる人たちに向かって、傷口に塩を塗り込むような暴言。おまけに、家系に問題がある、血に問題があるとあげつらい、先祖や村の祟りだと周りが騒ぐのは、何も小説の中だけのことではありません。

自らのいのちを断つのは、そんなに悪いことなのでしょうか？　仏さまは、自殺をした人はすくわずに、地獄に突き落とすのでしょうか？　**違います。絶対に、違います！**　確かに、褒められた行為ではないでしょう。しかし、仏さまは必ずすくってくださいます。考えてもみてください。海でスイスイと上手に泳いでいる子と、溺れている子、どちらをすくいますか？　溺れている子ですよね。人生を表す言葉として「難度海《なんどかい》」という言葉が『教行信証』の冒頭部分に記されています。「度」はサンズイを付けた漢字、「渡」と同じ意味があります。ですので「難度海」とは、「渡るのが難しい海」です。大変なんです、生きていくのは。悲しみ、苦しみ、そして寄せては返す波のように、次々と襲ってくる問題。その中で溺れている私を、すくう！　と法蔵さんは誓ってくださったのです。そしてその誓いが成就し、阿弥陀如来という仏さまになったのに、自殺した人をすくわないということはあり得ません。地獄に突き落とすなんて、もっての外です。**あえて言うのなら、他人のいのちを自分の価値観で計り、残された家族までをも傷付けている状態が、地獄です。**自殺した当事者ではなく、その人のことをアレコレ邪推し、好き勝手に言っている、生きている方が地獄に落ちているのです。

親鸞さんの奥さまといわれる恵信尼《えしんに》さんのお手紙が、『恵信尼《えしんに》消息《しょうそく》』として残っています。そこに、こんな言葉があります。「生死《しょうじ》出《い》ずべきみち」。これは親鸞さんが、師匠の法然さんによって示された道です。
「生死」とは迷いです。「生」きることが大事だと握ると、「死」はダメなこと、恐ろしいこと、忌み嫌うべきことになります。けれども小学生の時の私がそうであったように、「生」が辛くなると「死」がすくいになることもあるのです。これは「生」「死」だけではありません、「健康」「病気」もそうです。「健康」が大事と握ることで、「病気」になった自分は他人に迷惑をかける存在だ、役に立たない、と自分で自分を否定する。反対に「病気」になったことで、やっと仕事を休ませてもらうことができた、病気様様だということもあります。仕事でもそうです。働いている内はいいですが、クビになったら、自分は価値のない人間だと思う。

つまり、**その時々の自分の都合に良い一方を握り、そして握ることによって苦しんでいるのが私たち**なのです。それによって迷っているのに、迷っていることにさえ気付いていない。その迷いを超える道が、「生死出ずべきみち」なのです。

これは、先ほど登場した「難度海」とも重なります。親鸞さんは「難思《なんし》の弘誓《ぐぜい》は難度海を度《ど》する大船《たいせん》」と記されています。私たちの思い計らい、都合を超えた阿弥陀さまの弘《ひろ》い誓い（法蔵さんのときに、「生きとし生けるもの全てをすくうぞ！」と誓ってくださったこと）は、困難が多く迷いに沈む私たちを、すくって渡してくださる大きな船です。これは、親鸞さん自身が出遇うことができた教えであり、親鸞さん自身がすくわれた教えなのです。

そうです。**私自身が気付いていなくても、道はあるのです。**大きな船も用意されているのです。

『高僧和讃《こうそうわさん》』の中の一首。インドの龍樹《りゅうじゅ》さんを讃えた、こんな御和讃があります。

生死《しょうじ》の苦海《くかい》ほとりなし
ひさしくしずめるわれらをば
弥陀弘誓《みだぐぜい》のふねのみぞ
のせてかならずわたしける

意訳

ほとりなくひろがる迷いの海
四苦八苦の大波小波にながく浮き沈みしている私たちを
唯一、阿弥陀さまの弘誓の船だけが
乗せてわたしてくださるのです

弥陀弘誓のふね「のみ」なのです。阿弥陀さまの願いと誓いだけが、のせて「かならず」わたしてくれる。必ず、この身に実現する真実のすくいなのです。真実のすくいは、今、ここにあるのです。

けれども、もしあなたが「自殺したい」とまで思い詰め、苦しんでいるとしたら、私はそれを止めることは出来ません。なぜなら、死がすくいになることを知っているからです。しかしそのすくいは、真実のすくいではないのです。自分の都合を握り、自分の都合に振り回され、そのことにも気付かずに迷っているに過ぎないのです。真実のすくいは、迷っていることに気付くこと。自分の都合を握りしめていることに気付くことです。

自分の都合に振り回されていることにも気付いていない、この愚かな私。自分でさえ、自分のいのちを諦めようとしている、見放そうとしている、この悲しい私。そんな私を決して諦めない！ 必ずすくう！ と願い、誓ってくれている存在。そんな阿弥陀さまの弘誓の船に乗せてもらい、難度海を渡らせていただくこと。それが、真実のすくいです。

とは言っても、三度の自殺の危機を乗り越え、今も生きている私からすると、自殺はダメなことだとは軽々には言えません。真実のすくいとならないだけでなく、世間でもダメとされていることですが、否定はしません。**ただ、もったいないと思うだけです。**

心配しなくても、あと何十年後かには死にます。ひょっとしたら、数年後かもしれませんが。死にたくなくても、死にます。長くてもあと百年も生きられません。**今、慌てて死ななくても、死ぬのです。**もったいない。これが私の本音です。

今年は戊辰戦争が勃発して、百五十年です。その戊辰戦争では、会津藩の武家の少年達で構成された白虎隊《びゃっこたい》が、飯盛山《いいもりやま》で自刃《じじん》をしました。今でいう高校生たち、中には歳を偽って入隊した幼い子供もいたようですが、要は前途洋々といわれる年代の若者達が自殺をしたのです。

彼らの死は、無駄死にだったのでしょうか？　若くして亡くなった彼らのいのちは、空しかったのでしょうか？　違います。明らかに違います。短くても、彼らは彼らのいのちを生き切ったのです。彼らの死は決して無駄ではなく、二十一世紀を生きる私たちの心にも届いています。ただ、もったいなかった。そう思うだけです。

ですので、もしあなたの近くに自殺をした人がいたとしても、その方も、その方の人生を、精一杯生き切られたのです。決して空しい人生ではなかったのです。それでも、空しかっただろう可哀想にと哀れむのなら、それは他人の人生を勝手に決めつける、こちら側の問題です。

「自殺したい」。その声に、どれだけ向き合えたのかわかりません。また、申し訳ないことですが、ここに答えはありません。ただ、**あなたが自分のいのちを諦めたとしても、阿弥陀さまは決してあなたを諦めない**。その真実だけは、お伝えしたい。そう思って、言葉を重ねました。大丈夫です。辛くても、苦しくても、大丈夫です。

コラム　親鸞聖人とは――『正像末和讃』から

『浄土《じょうど》和讃《わさん》』『高僧《こうそう》和讃《わさん》』『正像末《しょうぞうまつ》和讃《わさん》』をまとめて三帖《さんじょう》和讃《わさん》と呼びますが、『浄土和讃』と『高僧和讃』はセットとして、親鸞さんが七十六歳のときに作られたものです。この二帖の和讃は、親鸞さんの主著『教行信証《きょうぎょうしんしょう》』に収められている『正信偈《しょうしんげ》』のさらに詳しい内容となっています。それに対して『正像末和讃』は、お釈迦さまが亡くなった後に成り立つ浄土の教えについて詠まれています。成立した年代も少し後になり、八十歳をすぎたあたりから書き始め、八十五歳頃にはかなりの部分ができていたと考えられています。

和讃は「国宝本」（一二四八～一二五七年）「顕智《けんち》写本」（一二九〇年）「文明《ぶんめい》本」（一四七三年）の三つが残っていますが、『正像末和讃』はそれぞれで収められている和讃の数や順序が大きく違います。参考までに、木版印刷され、本願寺の門徒を中心に全国に広まった「文明本」では、次のような構成になっています。

夢告讃　一首
正像末浄土和讃　五十八首

仏智疑惑和讃　二十三首
皇太子聖徳奉讃　十一首
愚禿悲歎述懐　十六首
善光寺如来和讃　五首
自然法爾《じねんほうに》の法語
巻尾　二首

八十歳を超えて、これだけのものを書かせる背景は何だったのか？　何が力となったのか？　と驚きます。そう思って『正像末和讃』に向き合ったとき、明らかに最初の二帖の和讃とは違うことに気付かされます。『正信偈』の詳しい内容といいましたが、『浄土和讃』『高僧和讃』に貫かれるのは、自分が出遇うことができた阿弥陀さまの本願の教えについて。それに対して『正像末和讃』は、なぜ阿弥陀さまの本願の教えでないとダメだったのか。教えが我が身の事実となった背景が詠われています。つまり最初の二帖を書いた七十六歳から、『正像末和讃』を書いた八十五歳の間に何かがあり、それが親鸞さんに筆を取らせる原動力となっただけでなく、その出来事によって、阿弥陀さまの本願の教えでないとダメだということを改めて強く確認することになったと思われるのです。そこで注目したいのが、「文明本」では巻頭に位置する夢告讃です。この和讃を手掛かりに、親鸞さんの人物像に迫ってみたいと思います。

弥陀の本願信ずべし
本願信ずるひとはみな
摂取不捨《せっしゅふしゃ》の利益《りやく》にて
無上覚《むじょうかく》をばさとるなり

自分自身を含め、あらゆる人々、生きとし生ける全てのものにおいて、迷いを超えていくことができるのは、「阿弥陀さまの本願を信ずべし」。これしかない！　八十五歳になって、「やっぱりこれしかない！」というその事実に改めて出遇えた親鸞さんの、感動と喜びが伝わってきます。

なぜ八十五歳だとわかるかというと、「文明本」に、こんな言葉が添えられているからです。「康元《こうげん》二歳丁巳《ひのとのみ》二月九日夜寅時夢告云《ゆめにつげていわく》」。康元二年（一二五七年）は、親鸞さんの八十五歳にあたります。その二月九日寅時《とらのとき》、今でいう午前四時に見た夢のお告げでこう聞きましたと書いてあるのです。

え！　夢？　確かに親鸞さんと同い年の明恵《みょうえ》（一一七三～一二三二年）というお坊さんは、十九歳から亡くなる前年の五十九歳までの約四十年間、自分が見た夢を記録していたといいます（『夢記』）。いい歳をしたオトナが、見た夢の話をしたところで、根拠のないことと鼻で笑われるか、潜在意識が現れたと好奇の対象になるのが関の山。そんな現在とは、夢の位置付けが違ったのかもしれません。しかし夢を見たという日付に注目すると、違う側面も浮かび上がってきます。

実はその八ヶ月前、建長八年（一二五六年）五月二十九日付の二通の書状の写しが現存しています。一通は親鸞さんの門弟、性信《しょうしん》さんに宛てたもの。もう一通は、親鸞さんの息子、慈信《じしん》（善鸞《ぜんらん》）さんに宛てたもの。内容は共に、慈信さんの義絶状です。八十四歳の父親が、五十歳近い息子との縁を切ったのです。一体、何があったのでしょうか？

事の発端は、関東の門弟たちの教えに対する混乱です。親鸞さんは、息子の慈信さんを関東に派遣します。うまく混乱を収めてくれ。お前なら出来るはずだ、頼んだぞと。この言葉は私の想像ですが、信頼し、期待していない者をわざわざ送るはずはありませんから、あながち見当違いでもないと思います。が、しかし、ヤッてしまったんです、慈信さん。あろうことか根拠のナイことを、もっともらしく言いふらしてしまったのです。たとえば、「息子の私しか聞かされていない教えがある」とか、「権力者と妥協しながら念仏を広めていこうと親鸞がいっていた」とか。びっくりするのは、「みんなが今まで聞いてきた念仏ひとつで誰もがたすかるという阿弥陀さまの本願の教えは、萎んだ花だから捨ててしまえと親鸞がいっている」。

え？　どうしたの慈信さん。アナタ、期待の救世主じゃなかったの？　なのに親の期待を裏切るだけでなく、大事な拠り所である阿弥陀さまの本願の教えまで歪めてしまって……。ほんと、ガッカリ。

でも、どうでしょ？　期待を一身に受け、意気揚々と向かった先で、混乱を収めるつもりが、話さえ、まともに聞いてもらえない。どうしようと、途方に暮れたとき。ふと、魔が差した。自分には黄門様の印籠がある。親鸞の息子だからこそ知ることができた教えがあるといえば、誰もが耳を貸すに違いない。試しにちょっと使ってみると、おもしろいように人々の心をつかめた。これなら耳を貸してもらえる。混乱も収まるだろう。そう慈信さんが思ったとしても、彼を責めることはできません。親鸞さんの期待に応えたかった、真面目だったからこそ、自分を追い込んでしまったのかもしれません。

それに対して親鸞さんは、義絶という対応をとります。慈信さんに腹を立てて、ではありません。そんな個人的な理由ではないのです。親鸞の息子という印籠を、取り上げるための義絶でした。立場を利用しての布教活動を、できなくするためだったのです。辛かったと思います。元はといえば自分の責任です。関東の混乱という大きな事態を、息子に丸投げしたこと。過度な期待で苦しめてしまったこと。義絶したところで、関東の混乱が収まるわけでもありません。何より慈信にそそのかされ、阿弥陀さまの本願の教えを捨てた人たちに申し訳ない。そして、義絶した慈信の今後も心配だ。いろいろな思いが去来したと思います。

義絶後の親鸞さんは、中国の曇鸞《どんらん》さんや日本の源空《げんくう》（法然）さんの書物を写すなど、先人の言葉に向き合います。そして、今まで自分が書いてきたものに、筆を加えていきます。誤解のないように受け止めてもらえるよう、心をくだいたのです。

まさか、だったと思いますよ。八十四歳にもなって、実の息子に裏切られ、しかもそんな息子の戯言に、ホイホイついていった人がいる。今までの自分は、いったい何を伝えてきたのか。父としての私的な面も、門弟として慕う人たちがいる公的な面も、その両方に強烈なパンチを受けたような状態。

まさか、こんなことが我が身におこるなんて。そのどん底の状態のときに、先人の言葉に立ち返ったのは、今まで自分が歩いてきた道はこれでよかったのか？　との問いが生まれたからだと思います。ハッキリいって、ずっと寝られなかったと思います。二十九歳で源空さんとの出遇いによって開かれた、阿弥陀さまの本願を拠り所にする、「本願に帰す」という、五十年以上かけて歩んできた生き方が、ダブルパンチで否定されたのですから。それは自分のいのちの根っこを、否定されたのと同じです。熟睡できるハズがありません。そうして苦しみ続けていたときに、あの夢を見たのです。「阿弥陀さまの本願を信ずべし」。「国宝本」には、「この和讃を、ゆめにおおせをかぶりて、うれしさにかきつけまいらせたるなり」（原文はすべて片仮名）と記されています。夢に見たことが嬉しくて、書きとどめたというのです。ただの夢ではなかったのです。これはまさに先人からのお告げ、親鸞さんへのメッセージだったのです。それは絶望のどん底で、改めて出遇いなおすことができた、「本願に帰す」というあり方です。

興味深い手紙が、『親鸞聖人御消息集《ごしょうそくしゅう》』にのこされています。義絶前の正月九日に親鸞さんが真《しん》浄《じょう》さんという人に送ったものですが、慈信さんが人々にあらぬことを吹聴していることに触れたあと、親鸞さんはこう言います。「ひとびとの信心のまことならぬことのあらわれてそうろう。よきことにてそうろう」。「人々の信心がまことでなかったことが表れた。よかった」と。

え～！　どこがよかったの？　親鸞さん、やせ我慢？　それとも、超ポジティブ思考？　と思いますが、そうじゃナイのです。事実を事実として、受け止めているに過ぎないのです。

つまり、人々は阿弥陀さまを拠り所にするといいながら、親鸞さんという人にすがっていたにすぎなかったのです。親鸞さんを信じていたのであって、阿弥陀さまを信じていたのではなかったのです。

実はこれ、お釈迦さまの時代からあった問題で、お釈迦さまが明らかにした「法」によって迷いを超え、苦しみから解放されるという教えなのに、ついついお釈迦さまを頼ってしまう。お釈迦さま個人がすくってくれるのではなく、お釈迦さまが明らかにした「法」によってすくわれるのに、です。

これはすごく大事なポイントで、だからこそお釈迦さまが亡くなった後の時代でも、その「法」に出遇うことによって私たちはすくわれることができるのです。もしお釈迦さま個人がすくうのであれば大変です。亡くなった後はもちろんのこと、同じ時代を生きていても、会うことがなければ、すくってもらうこともできません。と、ちょっと話がそれましたが、依るべきは人ではなく「法」なのです。

そして、ここで親鸞さんが「よかった」と言っているのは、そのことがハッキリしたということなのです。今まで阿弥陀さまを信じていると思っていたけれど、実はそうじゃなかった。本物だと握りしめていたけれど、実は偽物だった。そう気付くことができて初めて、何を大事にするかがハッキリする。だから「よきこと」なのです。

これは他でもない、親鸞さん自身のことでもあると思うのです。なぜなら、親鸞さんも人に依ってしまったからです。慈信なら大丈夫だ、関東の混乱を収めてくれるに違いないと、頼ってしまったのです。そもそも、教えに端を発した関東の混乱。教えのことは人の思いはからい、都合を超えたことです。それを人の力で何とかしようとした。人の力をアテにしてしまっていた。アカンやん、親鸞さん。といってしまうのは簡単ですが、人というのは本当に危ういものです。

さて、そんな背景があっての、夢だったのです。「弥陀の本願信ずべし」。阿弥陀さまの本願を拠り所にする「本願に帰す」という生き方が、呼び声となって自分のもとに届いた。親鸞さんにとっての、すくいだったと思います。大事な「法」を慈信さんに頼った自分のすくい。頼られた慈信さんのすくい。そして、慈信さんの言葉にホイホイついていった人々のすくい。全ての人々のすくいが、これひとつだった。

義絶という悲しい出来事を縁として、「本願に帰す」という生き方が、いよいよ確かなものとなった。「よきことにてそうろう」。

親鸞さんの人物像に迫ると大風呂敷を広げてしまいましたが、阿弥陀さまを拠り所として生きる生き方、その一端を、みなさんと共に尋ねられたとしたら、嬉しいことです。

付録　仏教用語カンタン解説

はじめに

・「諸行無常」（しょぎょうむじょう）

すべてのものは生まれて滅し、常に変化し、同じ形を保つことがないことをいいます。「無常」に対して「常住《じょうじゅう》」があり、『大般涅槃経《だいはつねはんぎょう》』では私たちが「無常」であるのに対し、仏さまである如来さまは「常住」であり、本質的に移り変わるものではなく永遠であると説かれます。

〈恋愛編〉

1．恋愛ができない

・「輪廻」（りんね）

車〝輪〟が〝廻〟るように、迷いを重ね続けることをいいます。親鸞さんは善導《ぜんどう》さんの『観経疏《かんぎょうしょ》』を引用し、「自身は現にこれ罪悪生死の凡夫《ぼんぶ》、曠劫《こうごう》より已来《このかた》、常に没《もっ》し常に流転《るてん》して、出離《しゅつり》の縁あることなしと信ず」（私自身が現に愚かで迷っている者で、果てしない昔から迷いに沈み、常に流転し、そこから離れる縁もまったくないことがハッキリと知らされた）といいます。迷いに沈み、出てくることができないという我が身の自覚は、輪廻の真っただ中にいることを表しています。

・「他力」（たりき）

阿弥陀さまの本願（誓願《せいがん》）のはたらきのことをいいます。親鸞さんは「他力と言うは、如来の本願力なり」と記していますが、他人の力をアテにするという世間一般での使われ方とは大違いです。ちなみに世間でいわれる「他力をたのむ」は「頼む」、漢字の中に「貝」があることからわかるように、損得勘定を考えてアテにするという意味があります。それに対して阿弥陀さまのはたらきは「憑《たの》む」と書きます。「憑」には拠り所とする意味があります。私が中心ではなく、阿弥陀さまが中心だということです。私が何を願うのかではなく、阿弥陀さまから何を願われているか。そのことに心を向けることで、いのちが変わるのです。

・「回向」（えこう）

振り向けるという意味です。振り向けるとは、本来の役目や用途をかえて他にあてるという意味です。どういうことかというと、阿弥陀さまの慈悲を原因として、それによって起こるよい結果が、私たちに振り向けられるということです。なので阿弥陀さまが頑張って因をつくり、その果は私たちがいただいちゃう！　ということです。自分の都合に振り回されている私たちは、因をつくることができないのです。具体的には阿弥陀さまがお念仏という行をして、その結果得られる信心を私たちに回向してくれています。自分で信心を起こすのではなく、阿弥陀さまからいただく信心なのです。なので他力の信心とも、金剛心《こんごうしん》ともいわれます。金剛はダイヤモンドのことで、堅いことのたとえです。自分が起こす自力の信心は脆く壊れやすいのに対して、阿弥陀さまの他力の信心は仏さまが根拠なので堅い信心なのです。

2. 好きな人が振り向いてくれない

・「定散」（じょうさん）

「定善《じょうぜん》」と「散善《さんぜん》」のことをいいます。これは『仏説観《ぶっせつかん》無量寿経《むりょうじゅきょう》』に説かれる、浄土へ往生する十六個の教えのことです。最初の十三個は、阿弥陀さまの浄土のようすや、阿弥陀さまの姿を心に想い浮かべる方法、十三観が説かれています。善導《ぜんどう》さんはこれを「定善」といい、精神を集中させておこなう善としました。後の三つが「散善」で、これは三観といわれ、どんな縁を生きていたとしても、それぞれの縁に応じた浄土に往生する方法があると説き、日常の散乱した心のままで修める善のことをいいます。「定善」「散善」共に自分の力を拠り所としています。自分をアテにする自力は、自分を買いかぶる恐れがあると同時に、阿弥陀さまの願いに背いていることにもなります。なので親鸞さんは「定散の自心に迷《まど》い」と、自力に迷うと記します。それだけでなく、この定散を縁として、他力真実の念仏に出遇って欲しい。それが『仏説観無量寿経』に説かれたお釈迦さまの本当のお意《こころ》だと示してくださいました。

・「真如」（しんにょ）

真理であり、まことで嘘偽りがなく、永久に変わらないものであり、姿や形を超えたありのままであり、絶対であり、究極のあり方をいいます。親鸞さんは「真如はすなわちこれ一如なり」と記しています。一如とは、法そのものの世界です。その一如から、形がないものがあえて形をとり、私たちに歩みよってきてくれたのが、方便法身《ほうべんほっしん》の法蔵《ほうぞう》菩薩だと親鸞さんは『唯信鈔文意《ゆいしんしょうもんい》』に次のように著しています。

「法身は、いろもなし、かたちもましまさず。しかれば、こころもおよばれず。ことばもたえたり。この一如よりかたちをあらわして、方便法身ともうす御《おん》すがたをしめして、法蔵比丘《びく》となのりたまいて、不可思議の大誓願《せいがん》をおこして、あらわれたまう御《おん》かたちをば、世親《せしん》菩薩（天親さん）は、尽十方無碍光《じんじっぽうむげこう》如来（阿弥陀如来）となづけたてまつりたまえり」。

4．別れたパートナーと復縁したい

・「衆生」（しゅじょう）

梵語 sattva の旧訳。新訳は有情。〝衆〟多《あまた》の〝生〟類という意で、人間を含めた一切の命のあるもののことをいいます。『仏説《ぶっせつ》無量寿経《むりょうじゅきょう》』では「十方衆生」（ありとあらゆる場所の生きとし生けるもの）、『仏説観《ぶっせつかん》無量寿経《むりょうじゅきょう》』には「念仏衆生」（念仏をよりどころとする生きとし生けるもの）、そして『仏説《ぶっせつ》阿《あ》弥《み》陀経《だきょう》』では「汝等衆生」（汝ら生きとし生けるもの）と呼びかけます。

5．パートナーが浮気をした！

・「分別」（ふんべつ）

思いはかること。対象を分析し種類や性質、相違を見分けることをいいます。意識的、無意識的に関わらず、私たちがあらゆることに対して行っていることです。天親《てんじん》さんは『浄土論』で「諸仏の功徳を讃ずるに、分別《ふんべつ》の心あることなし」と、仏さまには思いはからいがないと説きました。それに対して分別の思いが切り離せないのが私たちです。

・「正覚」（しょうがく）

正しき覚《さと》り、つまり仏さまの覚りのことをいいます。正覚を取る＝仏になることをいいます。親鸞さんは『正像末《しょうぞうまつ》和讃《わさん》』で「念仏往生の願により　等正覚にいたるひと」といい、念仏往生の願により、私たちも正覚と等しい、つまり今は仏ではないが、仏になることが定まるといいます。

・「誓願」（せいがん）

願いをおこし、その成就を誓うことをいいます。阿弥陀さまは法蔵《ほうぞう》という菩薩の位のとき「生きとし生けるもの、全てをすくう！」と、私たちの救済を願いとし、成就しなければ自分は仏さまにならないと誓われました。その後、阿弥陀さまという仏さまになられたので、誓願《せいがん》のはたらきにより、私たちは救済されています。「信じろ！」と強要するでもなく、ただ「すくう」と願い、誓ってくださる存在がある真実。それが阿弥陀さまの四十八願であり、誓願です。

6．DVとどう向き合うか

・「化土」（けど）

阿弥陀さまが、自力のこころをひるがえすことができない衆生のために、かりに設けた方便の浄土のことをいいます。親鸞さんは、阿弥陀さまの誓願を信じていないにも関わらず浄土を願うものは、なまけ、驕るものがいく懈慢界《けまんがい》や、浄土にいながら自分の思いの中に閉じこもっている疑城胎宮《ぎじょうたいぐう》にいることになるといいます。厳しい言葉にも聞こえますが、そこには方便を手立てとし、真実の浄土に出遇って欲しいとの願いがあります。

・「報土」（ほうど）

親鸞さんは真仏土《しんぶつど》と化身土《けしんど》とを立て、阿弥陀さまの浄土には真実報土と方便化土があるとしました。報土について親鸞さんは『正信偈《しょうしんげ》』で「報土の因果、誓願《せいがん》に顕《あらわ》す」と述べ、阿弥陀さまの誓願によって報土がつくられたといいます。阿弥陀さまの誓願に応えてあらわれたから真《まこと》の浄土なのです。ちなみに、その報土に迎え入れられるのは「自力のこころをひるがえして、他力をたのみたてまつれば、真実報土の往生をとぐるなり」（わたくしのはからいをすてて、阿弥陀さまの本願他力を憑《たの》めば、真実の浄土の往生を遂げる）だと『歎異抄《たんにしょう》』に著されています。

8．不倫はダメ？

・「業縁」（ごうえん）

自分ではどうすることもできない生まれもった「業」が「縁」と出遇うことで結果を招くことをいいま

す。たとえるなら「業」は井戸の水で、「縁」はその水を汲み上げるポンプです。縁（ポンプ）に出遇って初めて水は汲み上げられますが、井戸に水がなければ水は汲み上げられません。

・「罪障」（ざいしょう）

「罪」は煩悩によって行われる行為で、覚りのさまたげとなるものです。「障」は塞《ふさ》ぐ、または蔽《おお》うの意があり、覚りの障害となるものです。共に私たちにとって好ましくない存在ですが、親鸞さんは『高僧《こうそう》和讃《わさん》』で「罪障功徳の体となる」といい、罪や障りがあるから功徳を得られるといいます。つまり煩悩がなければ、覚りも存在しないということです。

コラム　浄土三部経とは――『浄土和讃』から

・「機」（き）

教えがはたらく対象のことであり、教えに応じて信心が発《おこ》される人間のことをいいます。お釈迦さまの説法は、それぞれの機に合わせたもので「対機説法《たいきせっぽう》」といわれます。けれどもその説法も、聞く側の機が熟していないと、耳にしても本質を聞けていないということもあります。もったいないですね。

〈仕事編〉

2．クビになってしまった

・「称名」（しょうみょう）

阿弥陀仏の名号（南無阿弥陀仏）を称えることをいいます。親鸞さんは称名のはたらきとして、私たちの無明《むみょう》（無智）を破り、志願（根本の願い）を満たしてくれると『教行信証《きょうぎょうしんしょう》』（行巻）に著し、称名は正業（正しい実践）であり、正念（正しい憶念。信心）であると説きます。

・「聖道」（しょうどう）

〝聖〟者の覚りに進む〝道〟の意で、この世において仏さまの覚りを開く教えのことをいいます。

4．もしかして、ブラック企業？

・「有情」（うじょう）

梵語 sattva の新訳。旧訳では衆生《しゅじょう》。生きとし生けるもののこと。〝情〟識（こころ）を〝有〟するものの意で、人間や動物などを「有情」といいます。それに対し、草木山河等を「非情」といいます。

・「貪・瞋・痴」（とん・じん・ち）

三毒ともいわれる根本的な煩悩のことをいいます。「貪」は貪欲《とんよく》ともいい、むさぼり求める心。「瞋」は瞋恚《しんに》ともいい、怒りや憎しみの心。「痴」は愚痴《ぐち》ともいい、ものの道理を弁《わきま》えない愚かなこと。親鸞さんは『正信偈《しょうしんげ》』で「貪愛《とんない》・瞋憎《しんぞう》の雲霧《うんむ》、常に真実信心の天に覆えり」といって、「貪」や「瞋」が常に、雲や霧のようにムクムクとわき上がるといっています。ちなみに真実に暗くおろかな「痴」は三毒の根源とされ、無明《むみょう》ともいいます。親鸞さんは『教行信証《きょうぎょうしんしょう》』（行巻）で「名《みな》を称するに、能《よ》く衆生《しゅじょう》の一切の無明を破し」と私たちの無明を破る称名《しょうみょう》のはたらきを明らかにしています。

〈人生編〉

1．「もうダメ……」行き詰まってしまった

・「愚痴」（ぐち）

ものの道理を弁《わきま》えない愚かなことをいいます。三毒の煩悩《ぼんのう》の一つで、もろもろの煩悩の根本となるものです。

3．大切な人を亡くした

・「娑婆」（しゃば）

この現実の世界のことをいいます。そこに生きるものは内にもろもろの煩悩があり、外にもさまざまな困難があります。そのような内外の困苦を忍ばなければならないことから、忍土、堪忍土ともいわれます。お釈迦さまは他でもないその娑婆で覚りを開き、そこに生きるもののために法を説いてくださいました。つまり、清らかになり、いい人になってすくわれていくのではなく、困苦のど真ん中ですくわれていく教えを明らかにしてくださったのです。

4．人生の分岐点。どう道をえらぶ？

・「弘誓」（ぐぜい）

〝弘《ひろ》〟く一切の衆生をすくいたいと願い、それが成就しなければ仏さまにならないという〝誓《ちかい》〟のことをいいます。阿弥陀さまの四十八願《しじゅうはちがん》全てのことをいいますが、特に第十八願を指すこともあります。親鸞さんは『教行信証《きょうぎょうしんしょう》』（総序）に「難思《なんし》の弘誓《ぐぜい》は難度海《なんどかい》を度する大船《たいせん》」と記します。私たちの思いはからいを超えた阿弥陀さまの弘い誓いによって、困難の多いこの人生を、まるで大きな船に乗せてもらうように進むことができるというのです。これは、仏さまであっても困難をなくすことはできないこと。けれども、仏さまのはたらきによって、困難がさまたげとならないことを表しています。

5．居場所がない

・「帰命」（きみょう）

梵語namas（南無）の訳。親鸞さんは『尊号真像銘文』で「帰命は南無なり。また帰命ともうすは、如来の勅命にしたがうこころなり」とし、阿弥陀さまからの呼びかけによって自分のなかで信心がおこされたとします。目に見えない信心が礼拝という形をとったのが、他でもない「帰命」なのです。

7. 病気がちで苦しい

・「回心」（「廻心」）（えしん）

心をひるがえすことをいいます。日ごろ私たちは自分をアテにして生活をしていますが、このままでは迷いを超えていくことができないと、心をひるがえし、阿弥陀さまの本願を拠り所とすることを「回心」といいます。とはいっても自分の努力でひるがえせるものではなく、「広大智慧の名号を信楽すれば」と『唯信鈔文意《ゆいしんしょうもんい》』にあるように、阿弥陀さまのはたらきによってひるがえされるのです。

・「定業」（じょうごう）

生まれたときから〝定〟まった〝業〟のこと。

・「無量寿」（むりょうじゅ）

はかりない永遠のいのちのことをいいます。親鸞さんは曇鸞《どんらん》さんの言葉を引用し、「無量寿はこれ安楽浄土の如来の別号なり」といいます。つまり無量寿とは、阿弥陀如来のことなのです。『正信偈《しょうしんげ》』は「帰命無量寿如来」（無量寿如来に帰命し）で始まりますが、これは「阿弥陀さまに帰命し」と同じ意味となります。ちなみに無量寿は、阿弥陀さまの慈悲を象徴した言葉です。

おわりに

彼女に初めて会ったのは、東京の渋谷で行われたトークイベントの会場でした。「英月さんにご挨拶させていただいてもいいですか？」と主催者に尋ねる声が聞こえたので、「礼儀正しい人がいるものだ」と声のする方を見ると、かわいらしいお嬢さんが立っていました。それが、この本の編集を担当した楊木希さんとの出会いでした。本を出しましょう！　ということで何度か話し合いを重ね、和讃の本を書かせていただくことになったのは昨年のこと。最初の出会いから一年以上の時を経て、この「おわりに」までたどり着けたこと。まさに、やっとたどり着けた、そんな心境です。正直な話をすると、今、目頭が熱く、油断すると泣いてしまいそうです。

ハッキリいって、僧侶としてはまだまだルーキー枠の私に、和讃の本を出しましょう！　と依頼する方も依頼する方です。しかし、ホイホイと受ける私も私です。そんな私を時に厳しく、そして時に優しく、的確なアドバイスと共に手を引っ張って、ここまで連れてきてくれた楊木さんとの出会いがなければ、この本はこうして形になることはありませんでした。ありがとうございます！

改めて今、不思議だなとしみじみ思います。和讃に向き合い続けるなかで、いつしかこの本が「私のために」となっていったのです。自分が書いた、自分の文章なのに、私に呼びかけられているようで……。私にとっての、すくいなんだなぁと、しみじみ感じています。もちろん、この本で取りあげたお悩み全てを私が抱えているわけではありません。しかし和讃に尋ねたとき、その根底を貫く願いに触れたのです。それは、「おまえをすくう」という力強さと温かさでした。時に、自分自身でさえ諦めてしまうこの私に、呼びかけ続け、寄り添うはたらきがあること。この本を書くことで、私自身、そのはたらきと出遇うことができ、それがすくいとなったのです。このご縁をいただき、今、この本を手にしてくださった皆さんとも、このすくいをシェアすることができたら本当に嬉しいです。

不思議といえば、この本に登場する「サンフランシスコ写経の会」。僧侶としての私の原点です。二〇〇七年九月にスタートした会は、私が日本に帰る二〇一〇年八月まで続きました。その後も月に一度の会は二〇一七年九月まで続き、そして休会となりました。でもね、びっくりなんです。なんと、会に参加してくださっていた方たちから、続けて！　と声があがってきたのです。そして、二〇一八年二月五日、再スタートを切りました。二〇〇七年九月から数えると、百十八回目です。場所は、バークレーにある、浄土真宗センターさん。私がアメリカにいる時にお世話になった本願寺派の梅津廣道北米開教総長のご厚意で場所をお借りし、浄土真宗センターの桑原浄信先生にもご尽力をいただきました。

ささて「サンフランシスコ写経の会」では、親鸞さんが書かれた『正信偈《しょうしんげ》』の訳と解説を書いた資料を作って、来られた方たちにお渡ししていました。また日本に帰ってからは、毎月資料を作って送っています。

その資料では『正信偈』に登場する方たち全てを、おそれ多くも「くん」付けにしています。ちなみにこの本では、「さん」で統一しています。当初、「くん」にしようと思っていたのですが、編集判断で「さん」になりました。ではなぜ失礼ともとれる、軽々しい呼び方にしたのか？　実はそれには、ちゃんとした理由があるのです。

たとえば、阿弥陀さまになる前の法蔵菩薩《ほうぞうぼさつ》は、法蔵くん。七高僧《しちこうそう》のお一人、インドの龍樹菩《りゅうじゅ》薩は龍樹くん。というように呼んでいました。すると、おもしろいことが起こったのです。写経の後のお茶の時間に、その回に登場した人の話で盛り上がるようになったのです。「龍樹くんって、ちょっと遊びすぎじゃない？」とか、「源信《げんしん》くんのお母さん、スゴイよねぇ！」とか。まるで知っている人のことを、話すような口ぶりです。私自身を含めて、真宗のことはおろか、仏教のこともよくわからないのに、親鸞さんの『正信偈』を手掛かりとして法蔵菩薩や七高僧についてアツく語り合う。しかも、アメリカのサンフランシスコで！
「菩薩」が「くん」に変わっただけですが、それだけで身近な人に変わったのです。どうでしょう。「龍樹菩薩」と「龍樹くん」では、受ける印象が違うのではないでしょうか。「菩薩」と聞くと、エライ人で特別な人だから、迷いを超えることができたのでしょ。私にはムリ！　関係ない！　と思ってしまうかもしれません。少なくとも、私はそう思いました。それに対して「くん」では、どうでしょうか。まるで近所のお兄ちゃんです。私と一緒の立場にいる人、近しい人、そう感じます。そして、実はそのことが大事なのです。親鸞さんが出遇うことができた教えは、エライ人や特別な人になってすくわれていく教えではないのです。どんなに頑張ってもエライ人にもなれない、特別な人なんてとんでもない、家族や友達にさえ優しくなれない、この私のための教えなのです。

それをアタマで理解するのではなく、耳から感じて欲しい。その思いで、この本では「さん」に統一させていただきました。確かに「くん」は、ちょっと馴れ馴れしすぎです。

参考までに『高僧和讃《こうそうわさん》』に記された、七高僧の敬称をあげておきます。

龍樹さん：龍樹菩薩
天親さん：天親菩薩
曇鸞《どんらん》さん：曇鸞和尚《かしょう》

道綽《どうしゃく》さん：道綽禅師《ぜんじ》
善導《ぜんどう》さん：善導大師《だいし》
源信さん：源信大師
源空《げんくう》さん：源空聖人《しょうにん》

さて、大きなご縁のなかで、再開することができた「写経の会」ですが、私が住職になったのも同じです。ハッキリいって、なりたくてなった住職ではありません。けれども、どんなに望んでもなれないのです。自分の思いや意思や努力などとは関係なしに、大きなご縁のなかでいただいた立場です。その立場にまがりなりにも立つことができているのは、大行寺のご門徒さんを始め、両親の支えがあってのことです。また同じ佛光寺派の方々には、宗務所の職員の方たちを始め多くの方たちのお心にかけていただいています。

それだけではありません。教えです。教えがあるからこそ、その教えを拠《よ》り所《どころ》として、ふらふらしながらも、なんとか立つことができています。目に見えない教えは、教えに出遇い、教えに生きている人との出遇いなくしては、出遇うことができません。ご縁をいただき大谷大学の一楽《いちらく》真《まこと》先生と出遇い、帰国後は大谷大学で聴講生として学んでいます。昨年度、共に学ばせていただいた、修士一楽ゼミの皆さんからは、学び方を学ぶことを教えられました。この本を書くにあたり、一楽先生には大変お世話になりました。質問をする私に「どうしてそれが英月にとって問いになった」と問い返してくださったこと。そして「読者として楽しんでいるよ」と励ましてくださったこと。本当に感謝しています。

改めて、宗派を超え、僧侶の方も僧侶でない方も、日本に住んでる方もアメリカに住んでる方も、そして年上の方も年下の方も、多くの方たちに支えていただいて、今の私があり、この本を書きあげることができたと、しみじみと感じています。ありがとうございます。

最初に「やっとたどり着けた」といいましたが、たどり着いても、ゴールではありません。これで終わりではないのです。やっとたどり着けた今だから、ますます教えに聞いていかなければならない。今、その思いを強くしています。

染香人《ぜんこうにん》のその身には
香気《こうけ》あるがごとくなり
これをすなわちなづけてぞ
香光荘厳《こうこうしょうごん》ともうすなる

『浄土和讃』の中の一首です。染香人とは、香りを取り扱っている人は、いつとはなくその香りが身につき、身から香りを放つようになるという意味です。けれども自らが香っているのではないので、香りを保ちたければ、薫じ続けないといけません。それと同じように、私も教えを聞き続け、仏を念じ続けないと、自分の欲に覆われて、いただいたいのちの方向性を見失ってしまいます。それほど危ういのです。たどり着いて、喜び、ほっとしている今だからこそ、その危うさをしみじみと感じます。だからこそ私には和讃が、そして教えが必要なのです。まさに「NO仏教、NO LIFE」です。

この本を手に取ってくださった、あなたへの「ありがとう」と共に。

梅ほころぶ京都にて

英月

〈参考図書〉

『親鸞聖人真蹟集成　第三巻』（法藏館）
『親鸞和讃集』名畑應順校注（岩波文庫）
『三帖和讃講義』柏原祐義（平楽寺書店）

和讃ともっと深く向き合いたい！そんなアナタに、おススメ。

『三帖和讃の意訳と解説』高木昭良（永田文昌堂）
『親鸞の教化　和語聖教の世界』一楽真（東本願寺出版）

和讃をもっと知りたい！まずは、ココから。

『高僧和讃講話　上巻』金子大榮（彌生書房）
『和讃に学ぶ　高僧和讃』宮城顗（東本願寺出版）

『ブッダ入門』中村元（春秋社）
『歎異抄聴記』曽我量深（東本願寺出版）
『講話　正信偈Ⅰ』寺川俊昭（法藏館）
『正信偈の教え　上中下』古田和弘（東本願寺出版）
『現在を生きる　仏教入門』古田和弘（東本願寺出版）
『親鸞聖人に学ぶ』一楽真（東本願寺出版）
『この世を生きる念仏の教え』一楽真（東本願寺出版）
『学苑余話　生活の中に仏教用語』大谷大学広報編集委員会編（大谷大学）

『親鸞教學 96—関東の親鸞三部経千部読誦の中止を通して』
一楽真、大谷大学真宗学会（文栄堂書店）
『昭和 55 年度　安居本講　正像末和讃講讃』松原祐善（東本願寺出版）
『親鸞とその妻の手紙』石田瑞麿（春秋社）
『二河白道の譬え』寺川俊昭（東本願寺出版）
『國文大觀　日記草子部』丸岡桂、松下大三郎編（板倉屋書房）
『通俗佛教百科全書第三巻　大行寺僧都信暁法師山海里の部』（佛教書院）

『真宗辞典』河野法雲、雲山龍珠監修（法藏館）
『真宗新辞典』真宗新辞典編纂会編（法藏館）
『織田　佛教大辞典　新訂重版』織田得能（大藏出版）
『岩波　仏教辞典　第二版』
中村元、福永光司、田村芳朗、今野達、末木文美士編（岩波書店）
『大辞林　第三版』松村明編（三省堂）

NPO 法人尋源舎主催　仏教入門講座「あなたと読む親鸞のことば」資料
大谷大学 2017 年度後期開放セミナー「シリーズ親鸞の和讃に学ぶ①総論」資料

【著者紹介】

英月（えいげつ）

京都市生まれ。真宗佛光寺派長谷山北ノ院大行寺住職。銀行員になるも、35回ものお見合いに失敗し、家出をしてアメリカへ。そこでテレビCMに出演し、ラジオのパーソナリティなどを務めた。帰国後に大行寺で始めた「写経の会」「法話会」には、全国から多くの参拝者が集まる。講演会や寺院向け講習会の講師を務めるほか、テレビで芸能人の悩みに答えるなど、その活動は多岐にわたる。著書に『あなたがあなたのままで輝くためのほんの少しの心がけ』（2014年、日経BP社）、共著に『小さな心から抜け出す　お坊さんの1日1分説法』（2013年、永岡書店）がある。

大行寺ホームページ　http://www7.plala.or.jp/daigyouji/

そのお悩み、親鸞さんが解決してくれます

――英月流　「和讃」のススメ

2018年4月20日　第1刷発行

著　　者　英月

発 行 者　澤畑吉和

発 行 所　株式会社 春秋社

〒101-0021　東京都千代田区外神田2-18-6

電話　03-3255-9611（営業）

03-3255-9614（編集）

振替　00180-6-24861

http://www.shunjusha.co.jp/

装　　丁　野津明子

写　　真　Noriko Shiota Slusser

印刷・製本　萩原印刷株式会社

ISBN978-4-393-16311-5　　定価はカバー等に表示してあります

Corso
CRISTOFORO COLOMBO
400 →
COLUMBUS